님의 꿈을 위해

이 책을 드립니다.

## 꿈을 가지십시오.
### 하나님께서는 당신에게 꿈을 주십니다.

하나님이 말씀하시기를 말세에 내가 내 영을 모든 육체에 부어 주리니
너희의 자녀들은 예언할 것이요, 너희의 젊은이들은 환상을 보고
너희의 늙은이들은 꿈을 꾸리라.
(사도행전 2:17, 요엘 2:28, 29)

## 꿈을 크게 가지십시오.
### 당신의 꿈의 크기만큼 하나님께서 채워주실 것입니다.

네 장막터를 넓히며, 네 처소의 휘장을 아끼지 말고 널리 펴되,
너의 줄을 길게 하며, 너의 말뚝을 견고히 할지어다.
이는 네가 좌우로 퍼지며, 네 자손은 열방을 얻으며,
황폐한 성읍들로 사람 살 곳이 되게 할 것임이니라.
(이사야 54:2, 3)

**목 차**　　　C O N T E N T S

# 꿈을 [命] 받았습니다!

청소년·청년들에게 전해 주는
꿈을 이룬 사람들의 행복한 이야기

꿈을 [命] 받았습니다!

**1판 1쇄 발행일 /** 2011년 1월 5일
**지은이** 손승락
**발행처** 도서출판 요셉의 꿈
**등록번호** 제25100-2010-000003호
**등록일자** 2010년 1월 27일
**편집디자인** 박현주
**총판** 하늘유통
　　　Tel. 031) 947-7777
　　　413-853 경기도 파주시 광탄면 분수리 335-3

값 8,200원
ISBN 978-89-963966-5-9

## 꿈을 꾸며 살다
## 活, 꿈에 살어리랏다! • 99

# 꿈꾸는 사람은
# 행복하다

# 지게 놓고 'A' 자 찾는 사람들

"너 왜 사니?"

이 물음 앞에 많은 사람들이 당황한다. 쉽게 대답하지 못한다. 너무 어렵게 생각하기 때문이다. 너무 많은 것을 생각하기 때문이다. 단순한 물음을 철학적이고 종교적으로 복잡하게 생각하기 때문이다. 앞으로 누가 이런 질문을 해오면 당황하지 말자. 어렵게 생각하지도 말자. 그냥 이렇게 대답하라.

"나는 행복하기 위해서 산다." 고.

이 대답이 가장 솔직한 대답이다. 가장 본능적인 대답이면서 가장 본질적인 대답이다. 위선자가 아니라면 이 대답이 틀렸다고 말할 사람은 없다. 이 대답을 가지고 "당신은 이기적이고 세속적인 사람이다"라고 비난할 사람은 없다. 그도 역시 행복하기 위해서 살기 때문이다.

종교적인 물음으로 바꾸어 물어도 마찬가지이다.

"당신이 세상에 태어난 목적은 무엇인가?"

"하나님께서 당신을 세상에 보내신 이유는 무엇인가?"

이렇게 물어 와도 어렵게 생각하지 말자. 그냥 똑같이 대답하라.

"나는 행복하기 위해서 태어났다."

"하나님은 행복하게 살라고 나를 세상에 보내주셨다."라고.

만약에 이 대답에 만족하지 못하는 사람이 있다면 그 사람에게 이렇게 되물어보라.

"그럼 당신은 불행하기 위해서 사느냐?"고.

"그럼 당신은 하나님께서 불행하게 살라고 당신을 세상에 태어나게 하셨다고 믿느냐?"고.

그래도 '성경은 다르게 이야기하지 않을까?' 라고 말하는 사람이 있다면 예레미야 선지자가 전해준 하나님의 말씀을 들려주라.

"여호와의 말씀이니라. 너희를 향한 나의 생각을 내가 아나니 평안이요 재앙이 아니니라. 너희에게 미래와 희망을 주는 것이니라."(예레미야 29:11)

이 말씀을 간단하게 말하자면, 나를 행복하게 해주려는 것이 하나님의 생각이라는 것이다. 그렇다! 하나님은 내가 행복하게 사는 모습을 보시려고 나를 세상에 보내주신 것이다. 내가 살아가는 이유도, 열심히 일하는 이유도 행복하기 위해서이다. 행복하기 위해서 먹는다. 행복하기 위해서 논다. 행복하기 위해서 잠을 잔다. 더 행복한 미래를 만들기 위해서 공부하는 것이다.

내가 행복을 추구하는 것은 하나님이 기뻐하시는 일이기도 한 것이다. 행복하기 위해서 사는 것은 수준이 낮은 것도 아니고, 부끄러운 것도 아니다. 이제 "나는 행복하기 위해서 산다." 라고 세상을 향해서 당당하게 말하면서 살자.

"너 왜 사니?" 라고 묻는 사람도, 이 물음에 대답하지 못

하는 사람도 모두 '낫' 을 놓고도 '기역(ㄱ)' 자를 찾는 사람
이다. ' 지게 '를 놓고도 ' 에이(A)' 자를 찾는 사람들이다. 행
복하기 위해 일하고, 행복하기 위해서 사랑하고, 행복하기
위해서 살아가면서도 '왜 사는가?' 에 대한 목적과 이유를
엉뚱한데서 찾고 있기 때문이다.

##  행복은 꿈길을 따라서 온다

　'행복' 은 인생의 목적이다. 삶의 이유이다. 행동하는 원동
력이다. 문제는 모든 행동이 행복을 만들지 못한다는데 있
다. 또한 사람마다 각기 다른 삶을 살아가는데 모든 방식의
삶이 행복하게 되지 않는다는데 있다. 그렇다면 이제 '왜 사
는가?' 라는 질문을 바꾸어야 한다.
　"어떻게 해야 행복한 사람이 될까?"
　"무엇을 해야 행복한 인생을 살 수 있을까?" 라고.
　이 물음에 대한 대답은 사람마다 다를 수 있다. 사람마다
가치관과 인생관이 다르기 때문이다. 사람들은 각자의 가치
관과 인생관에 따라서 각기 다른 방식으로 행복을 추구한
다. 그렇다고 모든 사람이 행복하게 살지는 못한다. 그렇기
때문에 행복한 사람이 되는 비결을 찾아야 한다. 행복하게
살 수 있게 하는 핵심적인 요소를 찾아야 한다. 그것이 무엇
일까? 무엇이 행복한 사람이 되게 하고, 행복한 인생을 살
수 있게 해줄 것인가? 그 핵심적인 요소가 바로 꿈이다.

이 책은 '꿈'을 통해서 행복한 삶, 행복한 인생을 살 수 있도록 해주려는 목적으로 쓴 책이다. 그러나 이론적이거나 추상적인 이야기가 아니다. 검증되지 않은 주장을 하려는 것이 아니다. 실제로 꿈을 가지고 산 사람들의 이야기를 하려고 한다. 꿈꾸는 인생을 살았고 살아가고 있는 사람들을 실증적으로 살펴보려고 한다. 꿈의 사람들이 어떤 꿈을 가지고, 어떻게 이루었으며, 그래서 얼마나 행복한 인생을 살고 있는지를 살펴보려는 것이다.

그와 동시에 우리가 꿈을 가지고 살아야 하는 이유, 꿈이라는 것의 의미, 꿈꾸는 사람으로 사는 방법, 꿈을 이루는 방법, 이룬 꿈을 즐기고 사용하는 방법에 대한 가이드 라인을 제공해 줄 것이다. 당신이 꿈꾸는 삶을 살게 될 때 행복은 꿈길을 따라서 당신에게 찾아올 것이다. 모든 사람이 꿈을 꾸며 살아야 한다는 것을 가장 간단하면서도 가장 명확한 삼단논법의 논리를 통해서 표현해 보자.

사람은 행복하기 위해서 산다.
사람은 꿈을 꿀 때 행복하다.
그러므로 모든 사람은 꿈을 꾸며 살아야 한다.

 ## 인생이 힘들게 느껴지는 이유는 꿈을 꾸지 않기 때문이다

　세상에는 힘들게 사는 사람들이 많다. 너무 가난해서 힘들게 사는 사람, 좋은 직업을 갖지 못해서 힘들게 사는 사람, 많이 배우지 못해서 힘들게 사는 사람, 복잡한 가정 때문에 힘들게 사는 사람, 인간관계 때문에 힘들게 사는 사람이 있다. 공부 때문에 힘든 학생들도 많다. 어떤 학생은 해야 할 공부가 많아서 힘들어 한다. 어떤 학생은 노력한 만큼 성적이 오르지 않아서 힘들어한다. 그런데 정말 힘들게 사는 사람은 따로 있다. 세상에서 가장 힘들게 사는 사람은 누구일까? 그것은 꿈 없이 살아가는 사람들이다.

　꿈이 있는 사람은 힘들어도 참을 수 있다. 가난도 참을 수 있다. 힘든 일도 견딜 수 있다. 모두가 힘들어하는 공부도 그렇게 힘들지 않게 해낼 수 있다. 꿈이 있기 때문이다. 현재 너머에 있는 행복한 미래를 볼 수 있기 때문이다. 꿈꾸는 사람에게는 일도 공부도 모든 것이 의미 있는 일이기 때문이다. 의미 있는 일을 하는데서는, 그것이 아무리 어려운 일이라고 하더라도 즐거움을 얻을 수도 있는 것이다.

　꿈을 잃어버리면 실망(失望)이고, 꿈이 끊어지면 절망(切望)이 된다. 꿈 없이 사는 데서는 의미를 찾을 수 없다. 무의미한 일을 반복해야 한다는 것은 고역이다. 의미 없는 일에서는 즐거움을 느낄 수 없다.

인생이 정말 힘들게 느껴지는 이유는 어려운 환경 때문이 아니라 꿈이 없기 때문이다. 꿈이 없는 사람은 일을 하는 것도 힘들고 노는 것도 힘들다. 꿈이 없는 사람은 공부도 힘들고 학교에 가는 것도 힘들다. 꿈꾸지 않는 학생에게는 교실이 감옥이 된다. 꿈꾸지 않는 사람들에게는 최고의 직장에서 일하는 것조차도 감옥처럼 갑갑해진다. 그러나 꿈을 꾸는 사람은 교실, 직장, 집, 세상 모든 곳에서 행복하게 살 수 있다. 꿈은 일도 공부도 행복한 것으로 만들어주기 때문이다.

##  세 명의 벽돌공 이야기

한 현자가 큰 도시를 방문했다. 그는 길을 가다가 벽돌을 쌓고 있는 세 사람을 보았다. 현자는 세 명의 벽돌공에게 물었다.

"당신들은 지금 무엇을 하고 있소?"

무의미하게 벽돌쌓기를 반복하던 첫 번째 벽돌공이 귀찮은 듯 대답했다.

"나는 지금 벽돌을 쌓고 있소."

구슬땀을 흘리며 열심히 일하고 있던 두 번째 벽돌공이 대답했다.

"나는 지금 벽을 쌓고 있는데, 시간당 9달러 30센트의 일이랍니다."

콧노래까지 부르며 신명나게 일하던 세 번째 벽돌공은 대답했다.

"나는 지금 세상에서 가장 크고 아름다운 성당을 짓고 있는 중입니다. 이 일은 내 평생에 가장 중요한 일 중의 하나가 될 것입니다."

현자는 세 명의 벽돌공의 앞날에 대해서 예언을 했다. 첫 번째 벽돌공은 얼마 못가서 해고될 것이다. 두 번째 벽돌공은 시간당 20달러를 받는 숙련공이 될 것이다. 세 번째 벽돌공은 감독이 될 것이다.

첫 번째 벽돌공은 마지못해 억지로 일하고 있는 사람을 상징한다. 이런 사람은 지금 자신이 하는 일이 어떤 의미를 가지고 있는지, 왜 그 일을 해야 하는지에 대한 생각도 없이 일하는 사람을 상징한다. 두 번째 벽돌공은 돈을 벌기 위해서 일하는 사람을 상징한다. 이런 사람들은 최고의 기능사가 될 수도 있고, 돈을 많이 벌 수도 있지만 최고 책임자의 경지에 오르기는 어렵다. 세 번째 벽돌공은 꿈을 가지고 사는 사람을 상징한다. 지금 자신이 하고 있는 일이 자신의 꿈을 위해서 얼마나 중요한 일인지를 깨닫고 있는 사람을 가리킨다. 꿈이 클수록 큰 일을 할 수 있게 된다.

우리나라 학생들은 공부를 많이 하기로 유명하다. 학교수업도 세계에서 가장 많다. 그것도 모자라서 학원까지 다닌다. 세계에서 학원이 가장 발달한 우리나라는 학원공화국이라고 할만하다. 2010년 현재 우리나라는 매일 330만여 명의 초등학생, 400여만 명의 중고등학생, 50여만 명의 대학생들이 열심히 공부한다. 대학생들은 재적학생 수 77만여 명 중에 27만여 명이 휴학 중이다. 휴학생 중에는 어학연수나 취업을 위한 스펙을 보충하기 위해서 휴학한 학생들도 많다. 이렇게 800여만 명의 우리나라 학생들을 세 명의 벽돌공으로 분류할 수 있다.

첫째 부류의 학생들은 그냥 공부하는 학생들이다. 학교에 가라니까 가고, 수업시간이니까 수업 듣고, 숙제니까 하고, 학원도 가라니까 가는 학생들이다. 이런 부류의 학생들 중에는 학교에 다니고 공부하는 것 자체를 매우 힘들어하는 학생들이 많다. 수업시간에 잠자고, 떠들고, 스마트폰 만지작거리는 학생들이 대부분 이 부류에 속한다고 볼 수 있다.

둘째 부류의 학생들은 성공과 출세와 좋은 직장을 위해서 공부하는 학생들이다. 상위 등급의 내신을 위해서 열심히 공부하고, 일류대학을 목표로 공부하고, 전문직과 고시를 목표로 공부를 하기도 한다. 진정한 꿈 없이도 높은 연봉과 성공을 위해서 열심히 공부할 수 있다.

셋째 부류의 학생들은 꿈을 위해서 공부하는 학생들이다. 자신의 꿈대로 무엇이 되기 위해서 공부한다. 자기가 꿈꾸는 어떤 일을 할 수 있기 위해서 무엇이 되기를 꿈꾸는 것이다. 의사가 되고, 판검사가 되고, 정치인이 되고, 기업인이 되고, 높은 연봉을 받고, 부자가 되기를 꿈꾸는 것도 '되는 것'이 목적이 아니다. 그것이 되어서 어떤 꿈을 펼칠 수 있기 위해서 무엇이 되려고 하는 것이다. 이런 학생들에게는 지금 공부하는 것 자체가 꿈꾸는 삶이다. 이런 학생은 스스로 알아서 공부한다. 공부조차도 즐거워하며 신바람내면서 공부한다.

꿈꾸는 사람들은 배움이 행복하고, 일이 행복하다. 학교생활이 행복하고 직장생활이 행복하다. 꿈을 위한 일이기 때문이다. 그 일과 공부 자체가 꿈꾸는 일이기 때문이다. 이런 사람은 인생을 행복하게 산다.

 ## 꿈꾸는 사람은 행복한 인생을 산다

사람들은 믿기지 않을 만큼 행복할 때 '꿈꾸는 것 같다'고 말한다. 꿈꾸는 것이 행복하기 때문에 생긴 말이다. 이 말은 잠을 잘 때 꾸는 꿈에만 적용되지 않는다. 실제로 꿈을 가지고, 꿈을 이루기 위해 노력하며, 꿈을 이루어가는 사람들에게도 적용되는 말이다. 꿈을 꾸는 삶이 가장 행복한 삶이다. 자신의 꿈을 이루었을 때 가장 큰 행복을 맛볼 수 있다. 그러나 꿈을 꾸는 사람은 꿈을 꾸는 삶 모든 과정에서 행복하게 산다. 그리고 자신이 이룬 꿈을 나눔으로써 더 많은 사람을 꿈꾸게 한다. 꿈과 더불어 가지게 된 나의 행복으로 더 많은 사람을 행복하게 한다. 그렇게 꿈꾸는 사람으로 가득한 세상, 꿈을 이루는 사람이 많은 세상, 꿈을 나누고 행복을 나눔으로써 더 행복해지는 세상이 되기를 기도하는 마음으로 이 책을 세상에 내놓는다.

꿈을 명하다

命,
꿈을 꾸라!

# 01 꿈을 꾸라라! 그러면 이루어진다.

 ## 정말 꿈을 꾸면 이루어질까?

　많은 사람들이 꿈을 꾸지 않는 이유는, 꿈을 꾸어도 그 꿈이 이루어질 가능성이 없다고 생각하기 때문이다. 그래서 꿈의 세계로 발을 들여놓기를 망설이고, 꿈을 꾸면서도 끊임없이 의심한다. 그런데 바로 그런 생각 때문에 꿈을 꾸어도 이루어지지 않는 것이다. 자신이 꿈꾸는 것의 성취를 의심하는 사람의 꿈은 이루어지지 않는다. 꿈의 성취를 의심하는 사람은 꿈을 꾸지 않는 것과 마찬가지이기 때문이다. 꿈을 꾸는 것과 꿈이 이루어지는 것은 별개의 문제가 아니다. 꿈을 꾸면 이루어지고, 꿈을 꾸지 않으면 이루어지지 않는 것이다.

　이 책을 읽는 사람은 꿈을 꾸면 반드시 이루어진다는 사실을 알게 될 것이다. 지금부터 소개되는 사람들은 모두 꿈꾸며 산 사람들이다. 꿈꾸던 것을 이룬 사람들이다. 이들이 삶으로 보여준 꿈과 그 성취에 대해서 살펴보면서 당신이 꿈꾸는 사람으로 살기를 바란다. 그 꿈을 이루고, 이루어진 꿈을 누릴 수 있는 사람이 되기를 소망하자.

 시골뜨기 짐 캐리, '황제'의 꿈을 이루다

미국의 영화배우 짐 캐리는 캐나다 온타리오주 뉴마켓 출신이다. 한마디로 시골뜨기였다. 그는 여섯 살에 토론토 코미디 클럽에서 연기생활을 시작했다. 스물한 살에는 미국 할리우드로 진출하였다. 그는 영화 '올 인 굿 테이스트(All In Good Taste)'로 데뷔했다. 그러나 십 년이 넘도록 무명 조연배우를 벗어나지 못하고 있었다. 그는 너무 가난했고, 그의 미래는 암울했다. 짐 캐리는 어느 날 ' 지금과 같이 사는 것으로는 미래를 바꿀 수가 없다 '는 생각을 하게 된다. 그는 자신의 인생을 근본적으로 바꾸어야 한다는 것을 깨달았다. 그리고 그는 최고의 배우가 되어 성공적인 인생을 살고 싶다는 꿈을 갖게 된다.

어느 날 캐리는 할리우드에서 가장 높은 언덕으로 올라갔다. 그곳에서 그는 주머니에서 수표책을 꺼내 들었다. 그리고 적요란에는 '출연료', 금액란에 '일천만 달러', 수취인란에는 '짐 캐리'라고 자기 이름을 써넣었다. 그리고 그 수표를 지갑에 넣어 가슴에 품었다.

이 행동은 짐 캐리가 '꿈의 세계'로 들어가는 의식과 같은 것이다. 짐 캐리는 그 때 비로소 구체적인 꿈을 갖게 된 것이다. 그의 꿈은 한 번에 천만 달러의 개런티를 받는 할리우드 최고의 배우가 되는 것이었다. 그것도 5년 만에! 그는 자신의 꿈을 담은 그 수표를 항상 지갑 속에 넣고 다님으로써 매 순간 꿈을 꾸는 사람으로 살 수 있었다.

이제 꿈의 사람이 된 캐리는 이전의 백 달러, 천 달러짜리 출연료의 싸구려 배우가 아니었다. 누가 알아주지 않아도 자기 스스로는 천만 달러짜리 배우였다. 전에는 천 달러짜리 배역이 주어지면 천 달러짜리 배우로 연기를 해주었었다. 그래서 그는 늘 싸구려 배우에 머물러 있었다. 그러나 이제는 작은 배역이 주어져도 천만 달러짜리 배우로 연기했다. 천만 달러짜리 배우는 개런티가 결정하는 것이 아니라 연기가 결정해 준다는 것을 깨달은 것이다. 바로 이런 것이 꿈꾸는 삶의 특성이다.

작은 배역에도 천만 달러짜리 연기를 하게 된 짐 캐리를 팬들이 먼저 인정해 주었다. 그리고 시간이 지나면서 점차 영화감독들도 그를 천만 달러짜리 배우로 인정하게 된다. 짐 캐리는 수표책에 꿈을 적어 넣은지 꼭 5년 만에 '덤 앤 더머'와 '배트맨'에 주연으로 캐스팅 되었다. 그는 이 두 영화로 1700만 달러의 개런티를 받았다. 그 후 수 십 편의 영화에 주연으로 캐스팅 되었고, 영화비평가협회 신인상, 골든 글로브 드라마부문 남우주연상, 골든 글로브 코미디 · 뮤지컬부문 남우주연상을 받는 최고의 배우가 되었다.

짐 캐리의 인생을 바꾸어 놓은 것은 꿈이었다. 꿈은 인생을 바꾸어 놓는다. 그가 꿈을 꾸지 않았다면 그의 인생도 바뀌지 않았을 것이다. 그리고 그의 꿈꾸는 삶, 꿈을 이루기 위한 삶, 꿈이 이루어진 것 같은 삶은 그의 꿈을 그대로 현실이 되게 하였다.

누구나 분명한 꿈을 가지고, 꿈꾸는 삶을 살면 그 꿈을 이룰 수 있다. 이제 당신도 확신을 가지고 구체적인 꿈을 가져야 한다. 보잘 것 없는 꿈이 아니라 누가 보아도 대단한 꿈을 가지라. 당신이 꿈을 가지고, 꿈꾸는 삶을 살기 시작하는 때부터 이미 당신의 꿈은 이루어지기 시작할 것이다.

 ## 꿈이 있는 사람과 없는 사람의 인생 차이

세상에는 다양한 사람들이 산다. 어렵게 인생을 시작했지만 위대한 일을 해내는 사람이 있다. 반면에 남부러울 것 없는 좋은 환경에서 인생을 시작했지만 별볼일없는 인생을 사는 사람도 있다. 3류 대학조차 안 나왔지만 성공하는 사람도 있고, 일류 대학을 나왔지만 실패하는 사람도 있다. 인생을 성공하게도 하고 실패하게도 하는 요인은 무엇일까? 성공하는 인생과 실패하는 인생의 차이를 만들어주는 원리라도 있는 것일까?

성공적인 인생을 살고 못 살고의 차이를 만들어주는 것은 아주 단순하다. 꿈을 가지고 사는 사람인가 아닌가가 그 차이를 만드는 것이다. 꿈이 구체적이면 구체적일수록 더 성공적인 인생을 살 가능성이 많아진다. 마크 매코맥의 연구는 그것을 잘 보여준다.

마크 매코맥은 『하버드 경영대학원에서도 가르쳐주지 않

는 것들』이라는 책을 썼다. 그는 이 책에서 하버드대 학생들에게 실시한 연구조사 결과를 발표했다. 마크는 1979년 하버드 경영대학원 졸업생들을 대상으로 설문조사를 했다.

질문은 "명확한 장래 목표를 설정하고 기록한 다음, 그것을 성취하기 위한 계획을 세웠는가?"라는 것이었다.

학생들의 대답은 '뚜렷한 목표와 계획을 세우고 그것을 종이에 적어 놓았다'(3%), '목표는 있지만 종이에 직접 적어놓지는 않았다'(13%), '구체적인 인생 목표가 없다'(84%)로 나뉘었다.

마크는 10년 후인 1989년에 연구진을 동원해서 이들 졸업생들을 일일이 찾아다니며 다시 인터뷰를 실시해서 그들의 10년 동안의 성취 상황을 확인했다. 그 결과는 너무 놀라웠다.

첫째로, 목표는 있었지만 그것을 기록하지 않았던 13퍼센트의 학생들, 명확하고 아주 구체적이지는 않지만 목표를 가지고 있었던 학생들은 목표가 전혀 없었던 84퍼센트의 학생들보다 평균적으로 2배의 수입을 올리고 있었다.

둘째로, 명확한 목표가 있었고, 그것을 기록했던 3퍼센트의 졸업생들은 나머지 97퍼센트의 졸업생보다 평균 10배 이상의 수입을 올리고 있었다.

명확하고 구체적인 인생의 목표를 가지고 사는 사람들은 목표가 없거나 희미한 사람들보다 훨씬 많은 것을 이루는 인생을 살게 된다는 것을 보여준다.

마크는 '인생의 목표'라고 표현했는데, 그것은 꿈이다. 자신의 꿈을 종이에 적어놓았다는 것은 꿈이 구체적이었다는 것을 말해준다. 꿈을 가진 사람, 구체적인 꿈을 가지고, 그 꿈을 이루기 위해서 노력하며 사는 사람은 꿈을 이루어가는 삶을 살게 된다는 것을 잘 보여주고 있다.

 ## 인도네시아 초등학교 3학년이 꾼 대통령의 꿈, 미국에서 이루어지다.

버락 후세인 오바마는 인도네시아에서 초등학교를 다녔다. 그때 오바마는 글짓기 시간에 '대통령이 되고 싶다' 고 자기의 꿈을 적었다. 이 오바마는 미국 제44대 대통령인 버락 오바마를 가리킨다. 오바마가 인도네시아에서 초등학교 3학년 때 대통령을 꿈꾸었는데, 그의 꿈이 34년 후에 미국에서 이루어진 것이다.

오바마는 어려운 환경에서 자라났다. 자기 정체성을 갖기 어려울 정도로 복잡한 가정환경에서 자랐다. 어린 시절부터 미국, 인도네시아, 다시 미국을 오가며 살아야 하는 안정되지 못한 생활 속에 자랐다. 그런데도 최고의 꿈을 꾸었고, 그 꿈을 이루었다. 최악의 상황에서 최고의 꿈을 꾸어도 꿈은 이루어지는 것이다.

오바마는 엄마의 두 번째 남편 자신의 새아버지를 따라 하와이에서 인도네시아로 이주해서 살았다. 오바마의 친아버지는 하와이에서 유학생활을 하던 케냐 출신의 버락 오바마 시니어였다. 열여덟 살의 엄마 앤은 대학에서 만난 아프리카 출신의 리더십 있는 청년과 사랑에 빠졌다. 그리고 기록에 남겨진 것이 하나도 없는 그런 결혼을 했다. 아버지는 케냐에 첫 번째 부인과 아들과 딸도 있는 상태에서 하와이에서 두 번째 부인을 얻었던 것이다. 그 부부 사이에서 태어난 아이가 버락 오바마였다. 오바마가 두 살 때 부부는 이혼을 했고, 오바마는 엄마에게 남겨졌다. 엄마는 다시 하와이로 유학 온 인도네시아 국비 장학생 롤로와 결혼을 했다. 오바마는 여섯 살 때 자신의 모국으로 돌아간 새아빠의 나라 인도네시아에서 살게 되었다.

아직 자아 정체성도 갖추지 못했을 때이지만, 초등학교 3학년 때 오바마는 어느 나라인지도 결정되지 않은 '대통령의 꿈'을 꾸었다. 그러나 새아빠가 망가지고 엄마는 다시 이혼을 하게 되었다. 열한 살의 오바마는 홀로 비행기에 태워져서 하와이의 할아버지의 집으로 보내졌다. 그리고 그곳에서 가난한 생활을 하면서 초등학교를 마쳤고, 중학교와 고등학교를 다녔다. 그는 옥시덴탈대학교를 거쳐 컬럼비아대학교를 졸업했다. 오바마는 공부하는 중에도 꿈꾸는 것을 포기하지 않았다.

대학을 졸업한 후에는 꿈을 따라서 지역사회운동가로 살았다. 돈을 더 주는 좋은 직장을 찾지 않고 꿈을 따라서 가난하고 힘든 사람들을 위해서 일하는 직장을 찾았다. 그러다가 더 효율적으로 지역사회운동을 하기 위해서 하버드대학교 로스쿨을 다녔다. 그는 변호사가 되었지만 돈을 버는 데에 목적을 두지 않았다. 그가 변호사를 거쳐 정치인의 삶을 시작한 것도 어려운 사람들을 더 효율적으로 도울 수 있기 위해서였다. 법을 모르기 때문에 피해를 보는 가난한 사람들을 법으로 돕기 위해서였다. 그렇게 많은 성과를 올릴 수 있었지만 그것도 한계가 있었다. 이미 제정된 법을 가지고 법을 모르는 사람들을 돕는 것보다는 아예 입법활동을 해서 좋은 법을 만들면 더 많은 사람을 도울 수 있다는 생각을 하게 되었다. 그러기 위해서는 입법활동을 할 수 있는 정치인이 되어야했다. 그렇게 그는 정치인의 길로 들어섰다. 결국 일리노이주 상원의원이 되었고, 드디어는 미국의 대통령이 되었다.

오바마의 꿈은 그렇게 이루어졌다. '더 좋은 조건의 자리'를 찾지 않고 '더 중요한 것을 하는 일'을 찾는 꿈꾸는 인생을 살았다. 그러다보니 어느새 아주 젊은 나이게 세계 최대 강국인 미국의 대통령 자리에 오르게 된 것이다. 꿈꾸는 삶이 그를 대통령이 되게 했던 것이다. 꿈꾸기를 멈추지 않았기 대문에 그는 모든 어려운 환경을 극복하고, 드디어 대통령의 자리에 오를 수 있있었다.

 ## 요셉의 성공은 '꿈꾸는 사람' 이었기에 가능했다

요셉은 열일곱 살 쯤에 잠을 자다가 두 개의 꿈을 꾸었다.

하나는, 요셉이 형들과 함께 밭에서 곡식을 베고 있었는데, 형들의 곡식 단이 요셉의 곡식단에게 절하는 꿈이었다. 다른 하나는, 하늘의 해와 달과 열하나의 별이 자신에게 절하는 꿈이었다. 요셉은 이 꿈을 하나님이 자신에게 계시로 주신 꿈으로 받아들였다. 존귀한 사람으로서의 자신을 꿈꾸며 살았다.

형들이 던져 넣은 사막 한 가운데의 깊은 우물 속에서도 꿈을 놓지 않았다. 장사꾼들에게 팔려서 이집트로 끌려갈 때도 꿈을 잃어버리지 않았다. 이집트에서 남의 집에 종으로 살 때도, 모함을 받아 억울하게 몇 년 동안 감옥에 갇혀서 지낼 때도 이 꿈을 붙들고 살았다.

그렇게 꿈꾸며 살기를 13년, 30살이 되던 해에 요셉은 대이집트제국의 총리대신이 되었다. 제국의 운명과 이집트제국과 북아프리카와 고대근동 지역의 모든 백성들의 운명, 그리고 자기 가족들의 운명까지 책임지고 살려내는 존귀한 사람이 되었다. 꿈을 꾸며 살았더니 그렇게 꿈이 이루어진 것이다.

 ## 꿈은 명령될 수 있을까?

꿈은 명령될 수 있는 것일까? 아마도 많은 사람들이 꿈은 명령되는 것이 아니라고 생각할 것이다. "꿈을 가지라"고 권면할 수는 있어도 명령할 수 있는 것은 아니라는 생각이

다. 이것은 꿈을 가지라는 명령에 대하여 복종의 의무가 없기 때문일 것이다. 그렇더라도 꿈을 가지라고, 꿈을 꾸면서 살라고 명령할 자격이 있는 사람이 없는 것은 아니다. 명령을 받아들이고 안 받아들이고 와는 별개로 명령할 수 있는 사람이 있는 것이다.

첫째로, 부모는 자식에게 꿈을 명령할 수 있다. 낳아주고, 길러주고, 자식을 위해서 헌신하는 인생을 살았기 때문이다. 꿈 없이 살아가는 자식을 보는 부모는 답답하고 고통스럽다. 이럴 때 부모는 자녀에게 '꿈을 가지고 살라' 고 명령해야 한다.

둘째로, 스승은 제자에게 꿈을 명령할 수 있다. 제자에게서 가능성을 발견한 스승이라면, 제자의 재능을 발견한 스승이라면 꿈을 가꾸라고 명해야 한다. 특히 무한한 가능성이 있음에도 잘못된 길을 가고 있는 제자가 있다면 스승은 꿈을 명령할 수 있다.

셋째로, 신은 인간에게 꿈을 가지고 태어나게 하셨다. 사과씨앗 안에 사과나무의 형상이 꿈처럼 담겨 있듯이, 사람에게는 장차 되어야 하는 하나님의 기대가 꿈으로 존재하는 것이다. 사람에게 생명을 주어 세상에 태어나게 한 창조주가 맡겨서 보내신 해야 할 일이 사명이고 또한 꿈이다. 인생의 사명을 발견하지 못하고 그냥 그렇게 살아가는 사람들에게 하나님은 꿈을 꾸는 인생을 살라고 명령하신다.

그렇다! 꿈은 명령될 수 있는 것이다. 꿈꾸는 자는 격려해

주고, 꿈꾸지 않는 자에게는 꿈을 명령해야 하는 것이다.
사람은 꿈을 꾸어야 하는 존재이기 때문이다. 꿈을 꾸는 것
은 인간으로서의 당연히 해야 하는 의무라는 것을 깨달아
야 한다.

##  꿈을 명령해야 하는 이유

사람들은 사랑을 감정의 문제로 생각한다. 그래서 마음이
움직이면 사랑하게 되고, 마음이 움직이지 않으면 사랑할
수 없는 것으로 생각한다. 그래서 사랑은 명령될 수 없는 것
이라고 받아들인다. 사람들은 명령되는 사랑을 거부하려는
경향을 갖기도 한다. 그런데 하나님은 사랑을 명령한다. "이
웃을 사랑하라"는 명령도 받아들이기 힘든데, "네 원수까지
사랑하라"고 명령한다.

이 하나님의 명령에 대해서 사람들은 "사랑은 감성의 문
제라서 사랑하는 마음이 생기면 사랑하고, 사랑의 감정이
생기지 않으면 사랑하지 않겠습니다."라고 말하지는 않는
다. 도리어 "하나님의 말씀처럼 이웃도 사랑하고, 원수까지
도 사랑해야 하는데 사랑하는 마음이 생기지 않습니다. 저
에게 사랑할 수 있는 마음을 주시고, 사랑할 수 있게 도와주
세요."라고 말한다.

같은 맥락에서 "꿈을 꾸라!"고 명령할 수 있는 것이다.
'꿈'은 꾸어도 되고 꾸지 않아도 되는 것이 아니다. 사람은

꿈을 꾸어야 하는 존재이기 때문이다. 인생은 꿈을 꾸며 살아야 하는 것이다. 꿈을 갖지 못한 사람이라면 꿈을 갖고 사는 사람이 되어야만 하는 것이다.

꿈에 대한 명령을 받아들이고 안 받아들이고는 결국 자신의 의지와 선택의 문제이다. 명령자의 의지는 아니다. 그러나 꿈에 대한 명령을 받아들이는 사람은 성공적인 인생을 살게 되고, 받아들이지 않는 사람은 실패한 인생을 살게 될 것이다. 그러므로 꿈에 대한 명령을 받아들이는 것은 신에 대한 의무이기도 하고, 자기 자신에 대한 의무이기도 하다.

# 02 꿈을 꾸라! 그러면 '전설'이 된다.

 꿈이 있는 사람만이 의미 있는 삶을 살 수 있다. 꿈을 추구하는 사람만이 자신, 이웃, 민족, 하나님의 나라를 위해서 유익한 존재가 될 수 있다. 이제 당신을 꿈이 있는 사람으로 바꾸어야 한다. 꿈의 사람이 되는 데는 망설일 시간이 없다.

꿈이 있는 사람은 다른 사람이 상상할 수도 없는 일들을 이루어낸다. 기적 같은 일을 이루는 사람들은 모두 꿈이 있는 사람들이다. 세상에 '전설'이 된 사람들은 모두 남들이 꿈꾸지 못하는 것들을 꿈꾼 사람들이었다.

## 하반신 마비 환자를 최고의 의사로 만들어준 꿈

미국 이민 1.5세인 이승복은 올림픽 체조 금메달리스트를 꿈꾸며 살았다. 그런데 체조 연습 중에 부상을 당했다. 척추를 다쳐서 평생 다시는 일어설 수 없다는 장애판정을 받았다. 그는 평생을 휠체어를 타고 살아야 했다. 손가락은 잘 구부러지지 않았고, 손을 꽉 쥘 수도 없었다. 체조와 올림픽 금메달리스트에 대한 꿈을 포기하는 것만으로도 힘든데, 이제 불구의 몸으로 평생을 살 수밖에 없는 현실 때문에 분노에 사로잡혀 병상에 누워있었다. 몸은 꼼짝도 못했지만 그의 온 존재는 깊은 수렁에서 방황하고 있었다.

병실로 회진을 온 의사들은 그의 몸 이곳저곳을 쿡쿡 찔러보면서 아무렇지도 않은 듯 "이 사람은 다시 걸을 수 없다"는 이야기를 해댔다. 그리고 알아들을 수 없는 전문용어로 자기네들끼리 의견을 나누었다. 그는 마치 실험실의 동물이 된 것 같은 느낌이 들었다. 의사들이 절망 중에 있는 환자에게 희망을 주지 못하고 도리어 불안하게 하고 절망하게 만드는 것이었다. 그때 그는 결심했다. "나도 의사가 되어야겠다. 나는 그들과는 다른, 환자에게 소망을 주고 삶에의 희망과 꿈을 주는 의사가 되어야 하겠다." 라고. 바로 그 순간 이승복은 위대한 꿈의 사람이 되었다. 절망 속에서 어떻게 살지 모르고 방황하던 승복은 자신이 가야할 분명한 인생길을 본 것이다. 그는 더 이상 방황하지 않았다. 새 꿈이 만들어준 길을 혼신의 힘을 다해서 온 몸으로 기어갔다.

이승복은 초인적인 의지력으로 재활에 성공했다. 이제 휠체어를 타고 자유롭게 다닐 수 있게 되었다. 그리고 각고의 노력 끝에 뉴욕대학 학부와 컬럼비아대 석사과정을 마쳤다. 그리고 의사가 되는 마지막 관문인 의학전문대학의 문을 두드렸다. 그는 두 달에 걸쳐 8개 대학에서 면접을 보았다. 면접관들은 신체적 핸디캡을 가진 그에게 집요하게 자존심 상하는 질문공세를 퍼부었다.

"그 손으로 과연 주사바늘을 제대로 꽂을 수 있다고 생각하는가?

"그 손으로 차트와 처방전에 글을 쓸 수 있는가?"

"응급환자가 발생했을 때 숙소에서 잠을 자고 있었다면 호출 1~2분 만에 응급실로 올 수 있는가? 이동하는 도중에 휠체어가 넘어졌다면 어떻게 하겠는가?"

"인턴이나 레지던트 코스에 접어들면 연속해서 20~30시간을 근무해야 하는 때도 있다. 당신은 휠체어에 앉아서 그 오랜 시간을 견딜 수 있는가?"

그렇게 면접을 본 후 결과를 기다리는 것은 너무 힘든 일이었다. 그는 "눈물을 흘리며 씨를 뿌리는 자는 기쁨으로 거두리로다. 울며 씨를 뿌리러 나가는 자는 정녕 기쁨으로 그 단을 가지고 돌아오리로다"(시 126:5, 6)는 성경말씀을 쉴 새 없이 묵상하며 힘을 얻었다. 그리고 드디어 다트머스대 의대로부터 합격통보서를 받았다.

그는 다트머스 의대를 수석으로 졸업했고, 다시 하버드대 의대를 들어가 수석으로 졸업했다. 지금은 세계 최고의 병원으로 꼽히는 존스홉킨스대 병원의 재활의학 수석전문의가 되어 있다.

이승복은 성공하기 위해 의사가 된 것이 아니다. 그는 자신처럼 절망에 빠진 사람들에게 희망을 불어넣어주는 사람이 되기 위해서 의사가 되었다. 꿈을 꾸며 살기 위해 의사가 되었고, 절망 중에 있는 환자들에게 꿈을 주기 위해 의사가 되었다. 환자들은 처음에는 휠체어를 탄 의사의 모습에 놀란다. 하지만 이내 자신들과 똑같은 아픔을 이겨낸 의사를 보면서 자신들의 마음을 털어놓는다. 그렇게 대단한 의사이기에 사람들은 그를 '슈퍼 보이', 또는 '슈퍼 맨 닥터 리'로 부른다.

인생의 끝에서 길을 잃고 방황하는 사람도 새로운 꿈을 가질 수 있다. 새로운 꿈을 갖는 순간 가야할 인생길이 나타난다. 찾고 두드리며 꿈꾸는 삶을 살아가면 반드시 꿈을 이루게 된다.

##  꿈을 가지고 '전설'이 된 사람들

세계적인 대기업인 IBM은 전자, 컴퓨터 시대의 절대강자로 군림했다. 컴퓨터 사업을 접었지만 아직도 아이 티(IT), 스마트가 주를 이루는 현재도 변함없이 IT정보기술의 다국적 거대기업으로 군림하고 있다. IBM은 160여 나라에 32만여 명의 직원을 거느리고 있는 거대기업이다. 세계에서 가장 많은 특허를 가지고 있는 기업이고, 9개 연구소에 3,000여 명의 박사급 연구원이 있다. 여기에서 5명의 노벨상 수상자가 나왔다. 거액의 연구개발비, 탁월한 영업정책, 강력한 노무관리로 세계 정상의 기업의 위치를 유지하고 있다.

이 회사도 처음에는 작은 기업이었다. IBM이 아직 직원 100

명 정도 작은 기업이었을 때 이 회사를 비약적으로 성장시킨 주역들이 있었다. 이 회사의 영업부 직원 20명이 그들이다.

기업은 좋은 제품을 만들어야 한다. 그러나 그 못지않게 중요한 것은 제품을 판매하는 것이다. 좋은 제품을 만들고도 팔지 못하면 기업은 망하게 된다. 그러나 자기 회사가 만든 제품(얼마나 좋은 제품인가와는 별개로)을 많이 팔면 회사는 성장하게 된다. 그래서 기업의 생산관리 못지않게, 어쩌면 그보다 더 영업을 중요하게 생각한다. 기업의 운명이 결국 영업에 달려있기 때문이다.

당시 IBM의 영업부장은 그 비밀을 알았던 사람이었다. 회사에는 20명의 영업부 사원들이 있었다. 이들의 세일즈 성과에 따라서 기업의 운명이 달라질 것이다. 그러므로 이들이 최고의 성과를 내도록 하는 것은 무엇보다도 중요한 일이었다. 이들을 최고의 세일즈맨으로 만들면 회사는 최고의 회사가 될 것이라고 생각했다. 문제는 어떻게 이 평범한 영업사원들을 최고의 세일즈맨으로 변화시키느냐 하는 것이다. 어떻게 하면 이들을 최고의 세일즈맨으로 변화시킬 수 있느냐 하는 것이다.

영업부장은 세일즈맨들을 꿈꾸는 사람이 되게 하면 가능하리라고 확신했다. 그래서 그들에게 최고의 세일즈맨에 대한 꿈을 갖게 하려는 계획을 세웠다. 그리고 회사의 운명을 걸고, 세일즈맨들을 위한 중요한 이벤트를 마련했다. 영업부장은 뉴저지의 메들랜드 야구장을 빌렸다. 미국프로야구

(MLB) 경기가 열리기 직전, 관중들로 가득 찬 경기장에서 이벤트를 열 수 있도록 허락받았다. 스타디움은 관중들과 IBM의 간부들, 사원들, 그리고 세일즈맨들의 가족들로 가득 차 있었다.

그런 상황에서 세일즈맨의 이름이 불려지고, 전광판 스코어보드에 세일즈맨의 이름이 큼직하게 나타나 깜빡인다. 그런 가운데 선수용 출입구를 통해서 이름 속의 세일즈맨이 경기장 한 복판으로 뛰어나온다. 그는 경기장이 떠나갈 듯한 환호성 속에 운동장 가운데 서서 그 환호를 온 몸으로 받는다. 그 순간 그 세일즈맨들은 세계 정상에 선 것과 같은 느낌을 맛았다. 그 감동 속에서 그들은 '세계 최고의 세일즈맨'이 되겠다는 꿈을 갖게 되었다.

IBM은 이 이벤트를 통해서 '세계 제일의 세일즈맨'에 대한 꿈을 가진 20명을 얻게 되었다. IBM은 20명의 세계 최고의 세일즈맨을 가진 회사가 된 것이다. 그날 이후 IBM의 세일즈맨들은 정말로 세계 제일의 세일즈맨이 되었다. 그들의 놀라운 영업성과에 힘입어 IBM은 영웅적인 성장을 거듭해서 전 세계 컴퓨터 시장의 50% 이상을 점유했던 위대한 기업이 되었다. 100년이 넘도록 다국적 거대 기업집단으로 군림하게 된 토대가 마련된 것이다.

꿈을 꾸면, 누구라도 최고의 꿈을 꾸면 전설적인 인물이 될 수 있다. 꿈을 꾸지 않기 때문에 별 볼 일 없는 일생을 살게 되는 것이다.

# 03 꿈을 꾸라! 그리하면 길을 얻으리라.

어쩌면 방황은 인생의 필수 코스라고 할 수도 있다. 인생을 살다보면 누구라도 방황하는 시기가 있게 마련이다. 방황은 길을 잃었을 때 일어나는 현상이다. 자신이 갈 길이 분명한 사람은 방황하지 않는다. 방황하는 사람은 자신이 갈 길, 자신이 살아 갈 길을 잃어버린 사람과 같은 뜻이다. 한 가정을 책임져야 할 가장도, 주부도 방황한다. 공직에 있는 사람도 기업을 하는 사람도 방황한다. 심지어 성직자로 사는 사람들 중에서도 방황하는 사람이 있다. 인생의 길을 잃어버리는 순간 남녀노소 빈부귀천에 상관없이 방황할 수밖에 없게 되기 때문이다. 성자라고 불리는 사람들도 예외가 아니다. 성자들 중에는 몹시 심하게 방황했던 사람들도 적지 않다. 누구나 방황할 수 있지만 대표적인 방황의 세대는 청소년기이다.

청소년기는 누구랄 것도 없이 방황하게 된다. 자아정체성을 찾아가는 길에 방황을 하는 것은 어쩌면 필연일 수도 있다. 청소년의 방황이 극단적으로 나타나는 것이 가출이다. 그렇다면 가출해서 방황하는 청소년들은 몇 명이나 될까?

우리나라의 가출 청소년이 200,000명에 이른다는 보고
(2011. 4. 30. 사건기자24시 보도)를 쉽게 믿을 수 있을까?
200,000명이라면 1,000명의 재학생을 가진 학교가 200개
나 되는 엄청난 규모이다. 가출한 청소년들 중에는 분명 예
외적으로 꿈을 위해서 가출한 아이들도 있을 것이다. 그렇
더라도 그것은 아주 극소수에 불과하고, 대부분은 꿈이 없
어서 인생길을 잃고 방황하고 있는 아이들이다. 그 방황은
언제 끝나게 될까? 대답은 간단하다. 그들도 꿈이 생기면
자연스럽게 방황을 끝내게 된다.

 ## 꿈이 만들어준 신경숙의 인생길

신경숙은 한국의 대표적인 소설가 중의 한 사람이다. 그
는 한국일보문학상, 오늘의 젊은 예술가상, 현대문학상, 만
해문학상, 동인문학상, 한국소설문학상, 21세기문학상, 이
상문학상 등 한국의 대표적인 문학상을 거의 다 받을 만큼
소설가로서 인정을 받았다.

신경숙은 1963년 전북 정읍에서 가난한 농부의 딸로 태어
났다. 중학교를 졸업했을 때 그녀의 부모는 가난해서 딸을
고등학교에 진학시키지 못했다. 그녀는 서울로 올라와 옛
구로공단에 있는 동남전기주식회사에 취직하여 생산라인에
서 일을 하게 되었다. 그리고 영등포여고 야간에 편성되어
있던 산업체 특별학급에 진학했다. 처음에는 교복을 입고

고등학교에 다닌다는 것만으로도 행복했다. 그러나 낮에 일한 피곤한 몸으로 밤에 공부한다는 것이 너무 힘들었다. 더 큰 문제는 그렇게 공부한다고 더 나은 인생이 될 것 같지도 않다는 생각을 하게 된 것이다. 꿈꿀 수가 없었던 것이다. 모든 것이 무의미해진 그녀는 학교에 가지 않았다. 며칠간 무단결석을 했기 때문에 학생과에 불려갔고 반성문을 쓰게 되었다. 그렇게 쓰게 된 반성문인데, 쓰다 보니 대학노트 반 권 분량의 장문의 글이 되어 있었다. 그 반성문을 읽어 본 담임선생님이 한 마디 말을 해주셨다.

"너 소설을 써보는 게 어떻겠니?"

신경숙은 그 순간을 이렇게 회상했다.

"그 말이 내 마음 속에 보석 같이 떨어졌다."

그 선생님은 《실천문학》 창간호와 조세희의 《난장이가 쏘아 올린 작은 공》을 신경숙 학생에게 주었다. 그녀는 글쓰기를 좋아했지만 자신이 소설가가 될 수 있다는 꿈을 꾸지는 못하고 있었다. 그런데 선생님의 그 말 한 마디가 그녀로 하여금 '나도 소설가가 되어야 하겠다'는 꿈을 갖게 했다. 소설가가 되는 꿈을 갖게 되니 인생의 길이 보였다. 더 이상 방황할 이유가 없었다. 신경숙은 그때부터 착실하게 공부를 했고, 졸업하면서 서울예술대학 문예창작과에 들어갈 수 있었다. 그렇게 꿈을 따라 인생길을 걸어간 그녀는 한국 문단을 대표하는 작가가 되었다.

꿈은 인생의 방향을 가리켜준다. 꿈은 인생의 길이 되어

준다. 꿈을 얻는 것은 인생의 길을 얻는 것이다. 꿈을 꾸며 살다보면 어느새 좋은 인생의 문턱에 도달해 있는 자신을 발견하게 된다.

##  꿈을 꾸게 한 멘토

신경숙이 좋은 멘토를 만난 것은 행운이요 축복이었다. 그녀가 소설가를 꿈꿀 수 있도록 해준 고등학교 담임선생님은 참 좋은 멘토였다. 그 선생님은 소설책 한 권을 주고, "너 소설을 써 보는 게 어떻겠니?" 라는 한 마디의 말로 신경숙의 인생을 바꾸어 놓았다. 멘토의 한마디 말은 무의미한 생활을 의미 있는 생활로 바꾸어 주었다. 꿈꿀 수 없었던 인생을 꿈꾸는 인생으로 바꾸어 주었다. 그런데 생각해 보라. 그 정도의 말, 그 정도의 배려를 자신의 제자에게 해준 선생님이 얼마나 많았을까? 그보다 더 주옥같은 격려를 받았던 학생들은 또 얼마나 많았던 것일까? 멘토를 만나는 것보다 중요한 것은 멘토를 알아보는 눈이다. 선생님들로부터 그 정도의, 그보다 더한 격려를 받은 학생들이 수도 없이 많은데, 그 말을 가슴 속에 별 빛 같은 보석으로 받아 간직할 수 있었던 학생들이 적었던 것이다. 선생님의 격려를 꿈으로 만들어 가질 수 있었던 학생은 모두 좋은 멘토를 만난 행운아들이다.

한 사람의 멘토를 잘 만나면 인생이 바뀔 수 있다. 인생을

사는 동안 하나님은 우리에게 많은 멘토을 만나게 해주신
다. 멘토를 알아보는 것이 중요하다. 나를 위해 진심어린 격
려, 충고, 책망을 해주는 사람을 멘토로 삼을 수 있는 마음
이 있어야 한다.

##  꿈을 주는 멘토를 만나라

　멘토란 원래 사람의 이름이다. 호머의 유명한 책『오딧세
이』에 나오는 인물이다. 오딧세우스왕은 B.C. 1250년 트로
이와의 전쟁에 나가면서 아들 텔레마쿠스를 이티카 지역에
서 가장 뛰어난 철학자요 지혜로운 사람이었던 멘토라는 사
람에게 맡겼다. 멘토는 텔레마쿠스를 맡아 교육과 양육을
책임졌는데, 그는 선생·친구·아버지의 역할까지 감당했다.
텔레마쿠스는 불안과 걱정 속에 있다가도 멘토의 이야기에
평온을 되찾곤 했다. 텔레마쿠스는 20년 동안 멘토의 보호
와 교육을 받은 결과 지혜롭고 용감한 왕이 될 재목으로 성
장할 수 있었다.
　여기에서 유래하여 다른 사람에게 도움을 주며 후원해주
는 사람을 '멘토'라고 부르게 되었고, 도움을 주고받는 것
을 '멘토링'이라고 하게 되었다. 멘토링 관계는 어떤 과제
를 완수할 때까지 일시적으로 맺을 수도 있고, 평생 동안 지
속적으로 맺을 수도 있다.
　좋은 멘토를 만나라. 그리하면 꿈을 발견할 수 있다. 그러

나 좋은 멘토를 만났다고 해도 멘토를 알아보는 눈이 있어야 한다. 참 좋은 멘토를 만났고, 나에게 맞는 꿈을 알려주었는데도 받아들이지 않으면 아무 소용이 없다. 우리가 인생을 사는 동안 하나님께서는 결정적일 때에 멘토를 보내주신다. 멘토를 알아보고, 자신의 멘토로 삼으라. 멘토의 충고를 따라 꿈을 얻으면 인생이 달라진다.

# 04 꿈을 꾸라! 누구라도 꿈을 꿀 자격이 있다.

 꿈을 꾸는 삶을 사는 데에는 어떤 자격도 필요 없다. 가난한 사람, 능력이 부족한 사람, 공부를 못하는 사람, 학벌이 좋지 않은 사람, 출세하지 못한 사람, 실패한 사람, 도덕적으로 결함이 있는 사람, 누구라도 꿈꾸는 삶을 살 수 있다. 아니, 그렇기 때문에 더 꿈꾸는 삶을 살아야 한다.

자격지심이 있는 사람은 꿈을 갖기가 어렵다. "나 같은 사람이 뭘 하겠다고…?" 하는 생각은 꿈을 갖는데 결정적인 장애요인이 된다. 그러나 꿈은 괜찮은 사람들만 가질 수 있는 것이 아니다. 그리고 꿈을 위해 사는 사람에게 어떤 결함이 있다고 하여 그 사람의 꿈과 꿈을 이루기 위한 노력을 평가절하 해서는 안 된다.

## 카디자 윌리엄스, 노숙자로 하버드대학을 꿈꾸다.

열네 살의 어린 미혼모가 쓰레기더미에서 아기를 낳았다. 그렇게 어린 노숙자 미혼모를 엄마로 하여 세상에 태어난 아이의 이름은 카디자 윌리엄스이다. 집도 직장도 없는 어린 엄마와 아기는 마약상과 매춘부들이 우글대는 위험한 거리를 전전하며 살았다. 무료급식소를 찾아다녔고, 그래도 채워지지 않는 배고픔을 위해서 쓰레기통을 뒤지며 살았다. 카디자는 아무것도 모르고 그렇게 길거리에서 먹고 자며 키워졌다. 때로는 싸구려 모텔과 노숙자 쉼터에 있을 때도 있었지만, 차가운 길바닥과 냄새나는 뒷골목, 그리고 폐차장이나 쓰레기 더미에서 생활하는 경우가 더 많았다. 그러나 카디자의 엄마는 자기 딸을 '오프라 윈프리'라고 불렀다. 미혼모의 딸로 태어나고, 피부색이 검고, 아주 어려운 환경에서 자라고 있다는 것이 오프라 윈프리와 같기 때문이다. 그렇게 자란 오프라 윈프리가 세상에서 가장 성공한 여성이 되었기 때문이다. 엄마가 자기 딸 카디자를 오프라 윈프리라고 불렀던 것은 자기 딸에게 오프라 윈프리 같은 사람이 되라는 꿈을 불어넣어주기 위해서였다.

그렇게 자란 카디자가 학교에 들어갔다. 그녀는 학교가 좋았다. 가진 것 없는 카디자가 남들과 함께 어울릴 수 있는 곳이었기 때문이다. 게다가 공부가 좋았다. 다른 아이들에게 처지지 않기 위해서 남보다 책도 더 많이 읽고, 더 많은 시간을 공부하고, 한 번 더 깊이 생각하며 열심히 공부했다. 노숙자들이 모여 사는 텐트촌에서 온갖 위험을 감수하며 카디자는 필사적으로 학교를 다녔다. 학교에서 나와서는 공부할 곳이 없어서 때로는 길바닥에서, 때로는 텐트에서, 때로는 노숙자 센터에서, 때로는 폐차 안에서 공부를 했다.

　카디자는 일정한 거처가 없었기 때문에 고등학교를 졸업
하기까지 12년 동안 학교를 12번이나 옮겨 다녀야 했다. 선
생님들은 성적이 상위 1%안에 드는 카디자를 영재라고 불
렀지만, 세상 사람들에게는 노숙자일 뿐이었다. 많은 사람
들이 그런 환경에서 공부하는 카디자를 비웃었다. 하지만
카디자는 공부를 포기할 수 없었다. 그녀는 학교공부 외에
한 달에 다섯 권씩의 책을 읽었고, 뉴욕에 있는 모든 신문을
정독하는 방식으로 혼자서 공부했다. 길거리를 세상에서 가
장 넓은 자신의 공부방으로 삼아서 그렇게 공부를 했다.

　그녀는 꿈이 있었기 때문에 그렇게 열심히 공부할 수 있
었다. 그녀에게 공부하는 것은 꿈을 꾸는 일이었다. 그녀는
먼저 대학에 들어가서 자신의 운명을 스스로 바꿀 수 있기
를 꿈꾸었다. 가난한 엄마뿐인 가족이 남들의 비웃음 담은
시선을 받지 않아도 되는 삶을 꿈꾸었다. 사람들은 한결같
이, "노숙자 주제에 대학은 꿈도 꾸지 말라"고 했다. 그러나
카디자는 그럴수록 더욱 열심히 공부를 했다.

　카디자는 학교에서만큼은 노숙자처럼 보이지 않기를 바
랐다. 그래서 머리는 언제나 단정하게 했고, 옷도 언제나 깨
끗하게 입었다. 새벽 4시면 학교에 갔고, 밤 11시가 되어서
야 길거리의 집으로 돌아오는 생활을 반복했다. 토론팀에
들어가서 열심히 토론을 했다. 육상팀에도 들어가 운동도
했다. 그렇게 열심히 공부하고, 성적이 오르자 도와주는 손
길들이 생겼다. 복지단체들이 장학금을 주기 시작했고, 사

회단체에서 관심 있게 지켜보기 시작했다. 카디자를, 그리고 카디자의 꿈을 인정해주고 믿는 사람들, 꿈을 도와주는 사람들이 생기기 시작했다. 그래서 더욱 카디자는 최선을 다했다. 자신의 인생과 운명을 바꾸기 위해서 공부만 하고 살았다.

그렇게 고등학교를 졸업하게 되었을 때, 카디자는 미국의 명문대학 20개 학교로부터 합격통지서를 받을 수 있었다. 하버드대학의 입학사정관으로 카디자를 면접한 줄리 힐든은 말했다.

"카디자를 합격시키지 않으면 제2의 미셸 오바마를 놓치는 실수가 될 것이다."

카디자는 합격통지서를 보낸 20개의 명문대학들 중에서 하버드대학을 선택했다. 하버드대학이 세계 최고의 명문대학이기도 했지만 그녀에게 4년 전액 장학금을 지급하기로 결정했기 때문이다. 노숙자였던 카디자는 하버드 대학의 엘리트 장학생이 되어있다. 그녀가 거리에서 꾸던 꿈이 그렇게 이루어졌다. 그리고 더 큰 인생을 위해서 하버드에서 더 큰 꿈을 꾸는 인생을 살아가고 있다.

쓰레기더미에서 사는 노숙자라고 하버드대학생이 되는 꿈을 꿀 자격조차 없는 것은 아니다. 환경과 처지와 상관없이 모든 사람은 모든 것을 꿈꿀 수 있다. 그리고 실제로 꿈꾸는 삶을 살면 그 꿈을 이루게 된다.

# 꿈의 대부 마틴 루터 킹 목사의 꿈꿀 자격

위대한 꿈을 추구하고 이루었던 인물들이 모두 도덕적으로 완전한 사람은 아니었다. 그들도 도덕적으로 문제가 있었고 인간적인 결함이 있었지만 위대한 꿈을 꾸었고 그것을 이루어냈다. 과거의 결함과 현재의 실패로 꿈꾸기를 포기하는 것은 하나님이 기뻐하시는 일이 아니라 사탄이 좋아하는 일이다. 하나님께서는 우리의 구원에 어떤 자격을 요구하지 않으셨듯이 꿈꾸는 삶에도 아무런 자격을 요구하지 않는다.

마틴 루터 킹 목사는 위대한 꿈을 꾼 대표적인 사람이다. 그의 '나에게는 꿈이 있습니다' 라는 연설은 세계의 역사의 흐름을 바꾸어 놓을 만큼 위대한 영향력을 발휘했다. 그는 링컨 대통령 이후 최고의 인권운동가로 살았다. 모든 사람이 차별받지 않는 세상을 만들려는 위대한 꿈을 꾸던 사람이었다. 그런데 그도 도덕적으로 완벽했던 존재는 아니었다.

당시 미국의 FBI는 킹 목사를 적대시했다. 그가 미국의 체제에 대한 위협이 된다고 판단한 것이다. 그들은 어떻게 하든지 그의 활동을 중단시키려고 노력했다. 킹 목사의 일거수일투족을 감찰하는 FBI에게 킹 목사의 부적절한 여성 관계가 포착되었다. 킹 목사가 인권운동을 이끄는 지도자로서 부적절한 여성관계가 있었고, 그대로 도청되어 녹음이 되었다. FBI는 이 사실을 폭로하겠다면서 인권운동 활동을 중단하라고 위협했다. 도덕적으로 결함이 있기 때문에 위대한 꿈을 꿀 자격이 없다고 그를 공격했다. 그리고 그의 여자 관계를 세상에 폭로하기 전에 스스로 목숨을 끊으라고 협박하기도 했다.

이렇게 킹 목사의 도덕적 결함이 폭로되기도 했고, 그것으로 공격을 받기도 했지만 그는 꿈을 위한 삶을 포기하지 않았다. 도덕적 결함은 자신의 연약함 때문이지만, 인권에 대한 꿈은 하나님께서 주신 사명이기 때문이다. 또한 그의 도덕적 결함 때문에 그가 이룬 꿈의 열매와 그 가치가 평가 절하 되지도 않았다.

킹 목사의 꿈꾸는 삶을 통해서 흑인들도 투표권을 얻었고, 그 자신도 노벨 평화상을 받기까지 세상의 인정을 받았다.

"이 세상에서 이루어진 모든 것은 희망이 만든 것이다."

킹 목사의 꿈은 이런 신념에 바탕을 두고 있다. 그의 꿈꾸는 삶은 1968년 로레인 호텔에서 암살되기까지 12년간 계속되었다. 그는 죽었지만 그의 출생일인 '1월 셋째 주 월요일'이 국경일로 지정되어 지금도 그의 꿈은 사람들에게 꿈꾸는 삶에 대해서 말해주고 있다.

꿈을 꾸는 데는 특별한 자격이 필요한 것이 아니다. 도덕적으로 완벽해야 꿈꾸는 삶을 살 수 있는 것은 아니다. 도덕적 흠결, 범법의 경험, 실패의 경험, 가정적인 문제, 건강의 문제 등 어떤 상황에 있든지 꿈을 꾸지 못할 사람은 없다. 그 모든 것을 극복하게 해주는 것이 꿈이기에, 꿈꾸는 삶을 통해서 자신의 실패를 극복하고, 문제를 해결해야 하는 것이다.

## 믿음 안에서 꿈을 꾸었던 사람들

　　성경에는 많은 위인들이 나온다. 하나님을 경외하던 그 위인들도 도덕적으로 완전하지는 못했다. 그들 중에는 심각한 결함이 있는 사람도 있지만 그것으로 그들의 인생과 업적이 평가절하 되지 않는다. 그들이 꿈꾸는 사람으로 살았기 때문이다. 꿈꿀 수 없는 상황 속에서도 꿈을 꾸며 살았던 사람들이 더욱 찬사를 받는다. 세상에는 꿈꾸지 못할 사람도 없고, 꿈꾸지 말아야 할 사람도 없다. 누구나 꿈을 꾸어야 하고, 꿈을 통해서 크고 아름다운 삶을 만들어가야 한다. 성경도 스스로 보잘 것 없는 사람이라고 꿈에 대해서 위축될 필요가 없다고 말하고 있다.

　"형제들아 너희를 부르심을 보라. 육체를 따라 지혜 있는 자가 많지 아니하며, 능한 자가 많지 아니하며, 문벌 좋은 자가 많지 아니하도다. 그러나 하나님께서 세상의 미련한 것들을 택하사 지혜 있는 자들을 부끄럽게 하려 하시고, 세상의 약한 것들을 택하사 강한 것들을 부끄럽게 하려 하시며, 하나님께서 세상의 천한 것들과 멸시받는 것들과 없는 것들을 택하사 있는 것들을 폐하려 하시나니, 이는 아무 육체라도 하나님 앞에서 자랑하지 못하게 하려 하심이라."(고전 1:26~29)

꿈을 생각하다

思,
꿈이 뭐꼬?

# 01 꿈은 새로운 세계로 나아갈 수 있는 문이다.

문(門, door)은 안과 밖의 경계에 위치한다. 안에서 밖으로 나갈 수 있게 해주는 문은 사람들을 세상으로 나갈 수 있게 해준다. 문은 좁은 공간에서 넓은 세계로 나갈 수 있는 통로이다. 더 높은 차원의 세계로 들어갈 수 있게 하는 통로이다. 문은 우리가 동경하는 어떤 세계로 들어 갈 수 있게도 하고, 나갈 수 있게도 해준다. 어떤 문으로 나가느냐에 따라서 사람들은 전혀 다른 세상을 만나게 된다.

꿈은 무엇을 위해 어디로 나갈 것인지를 결정해주는 세상을 향한 문이다. 꿈은 현재와 전혀 다른 차원의 세계를 열어주는 문이다. 사람들은 꿈에 따라서 전혀 다른 세상에서, 전혀 다른 인생을 살게 된다.

## 오프라 윈프리, 세상으로 나가는 문을 얻다

오프라 윈프리(Oprah Winfrey)는 토크쇼의 여왕이다. 그녀는 자신의 이름으로 된 TV토크쇼 프로그램을 25년 동안 진행했다. 그녀의 토크쇼는 전 세계에 1억 4천만 명 이상의 고정 시청자를 갖고 있었다. 그녀는 세계에서 가장 존경받고 영향력 있는 인물 중 한 사람이다. 에이미상을 30여회나 받은 방송인이고, 골든 글로브 상과 아카데미 여우조연상을 받은 배우이기도 하다. 부와 명예와 영향력을 모두 가지고 있는 그녀는 성과 피부색을 뛰어넘어 모든 사람들에게 꿈의 표본이 되었다.

오프라는 꿈을 꿀 수 없었던 아이였다. 그녀는 아직도 인종 차별을 받던 시절에 미혼모에게서 흑인 사생아로 출생했다. 최악의 출생이라 할만하다. 엄마가 기를 수 없어 시골의 가난한 외할아버지의 집에 맡겨졌다. 누구 하나 살뜰하게 보살펴주지 않았다. 아홉 살 때 삼촌에게 처음으로 성폭행을 당한 뒤로 주변 사람들에게 여러 차례 성폭행을 당했다. 열네 살 때에는 그렇게 아기를 낳게까지 되었는데, 그 아기가 몇 달 만에 죽었다. 오프라는 현실을 잊기 위해서 마약을 했고, 스트레스성 폭식으로 비만해졌다. 그녀는 자포자기의 상태로 죽지 못해 살고 있었다.

그러던 어느 날 그녀는 우연히 눈에 띈 책 한 권을 읽게 된다. 그것은 그녀에게 꿈을 주시려는 하나님의 은총이었다. 그 책을 통해서 세상에는 어렵게 사는 사람들이 자신 외에도 많이 있다는 것을 알게 되었다. 또한 세상에는 다양한 삶의 형태가 있음을 알게 되었다. 오프라는 그 때부터 닥치는 대로 책을 읽었다. 그리고 인생의 비극에서 탈출하는 문, 새로운 삶으로 나가는 문, 꿈의 삶을 살게 하는 문을 얻었다. 그녀는 책을 통해서 꿈의 세계로 나가는 문을 얻었던 것이다.
오프라는 책을 통해서 얻은 것에 대해서 이렇게 말했다.

"책을 통해서 나는 인생에 가능성이 있다는 것과 세상에 실제로 나처럼 살고 있는 사람들이 있다는 것을 알게 되었다. 독서는 나에게 희망을 주었다. 내게 책은 열려진 문과 같았다."

오프라는 먼저 자신을 추슬렀다. 그리고 다른 사람들도 인생의 비극에서 벗어날 수 있도록 도와주고 싶었다. 하고 싶은 일이 생긴 것이다. 살고 싶은 인생을 얻은 것이다. 꿈을 가지게 된 것이다. 그녀는 사람들이 조금이라도 더 건전하고 안전하게 살 수 있도록 세상을 변화시키려는 꿈을 가지고 꿈꾸는 삶을 시작했다.

오프라는 자신의 꿈을 위해서 십대 후반에 방송인의 길로 들어섰다. 그녀는 많은 사람들이 자신처럼 독서를 통해서 희망의 문을 발견할 수 있기를 바라는 마음에서 독서운동도 펼쳤다. 이것은 '오프라 북클럽'이라는 TV 프로그램을 통해 미전역에 책 읽기 열풍을 일으켰다. 그리고 자신의 이름을 걸고 '오프라 윈프리 쇼'를 진행하게 되었다. 그녀의 아픈 경험은 토크 쇼 출연자들과 함께 아파하고 울게 했다. 그녀의 꿈꾸는 삶은 사람들의 마음에 감동을 주었고, 많은 사람들의 삶을 변화시켜 주었다.

오프라는 독서를 통해서 '세상으로 나가는 문'을 발견했다. 꿈을 갖게 된 오프라의 인생은 근본적으로 바뀌었다. 오프라의 꿈꾸는 삶은 자신에게는 부와 명예를 가져다주었다. 그리고 많은 사람들을 꿈꾸게 하였고, 꿈의 세계로 들어가게 하는 문을 만들어주었다.

"흑인이었다. 사생아였다. 가난했다. 뚱뚱했다. 미혼모였다. 그래서? 그게 뭐 어쨌다고?"

이 말은 과거에 대한 말로 오프라를 비판할 때 그녀가 하는 말이다. 그만큼 당당한 인생이 된 것이다. 그녀는 모든 사람이 자신과 같이 불행을 극복하고 성공적인 인생을 살 수 있기를 바란다. 오프라는 토크쇼를 진행하면서 불행해하는 사람들에게 이 말로 충고를 해준다.

"창조주 하나님께서 당신에게 원하는 삶을 살아가라."

##  문 중의 문, 예수 그리스도

예수님은 "내가 문이니 누구든지 나로 말미암아 들어가면 구원을 얻고 또는 들어가며 나오며 꼴을 얻으리라."(요 10:9) 라고 했다. 자기 자신을 문이라고 말씀하신 것이다. 예수님은 자신을 구원을 얻는 문, 꼴을 얻는 문이라고 했다. 모든 종류의 갇힘에서 자유를 얻는 문이다. 모든 종류의 절망에서도 희망을 얻는 문이다. 모든 종류의 실패에서 성공으로 나가는 문이다. 모든 종류의 결핍에서 벗어나 풍족함으로 나가는 문이다.

예수님을 만난 사람은 모두 새로운 삶을 얻었다. 예수님이 새로운 세계로 들어가는 문이 되어주었기 때문이다. 병든 사람은 건강의 문을 얻었다. 귀신들린 사람은 온전한 영의 문을 얻었다. 정죄 받고 소외 받던 사람들은 사랑의 문을 얻었다. 진리를 찾던 사람은 진리의 문을 얻었다. 그 자신의 희생을 통해서 하늘에 들어갈 수 있는 문이 되어 주었다. 꿈의 문과 예수라는 문을 동시에 가진 사람은 세상에서 가장 행복한 사람이다.

# 02 꿈은 보이지 않는 것을 보게 하는 눈이다.

 《걸리버 여행기》로 유명한 영국의 소설가 조나단 스위프트는 "꿈은 보이지 않는 것을 보는 기술이다"라고 말했다. 꿈꾸는 사람의 눈에는 다른 사람의 눈에 보이지 않는 새로운 것들이 보인다. 꿈꾸는 사람의 눈에는 다른 사람이 보는 것과는 아주 다르게 보이는 것들이 있다. 보이지 않는 것을 보는 것과 다르게 보는 능력은 꿈꾸는 사람들이 가질 수 있는 특권이다.

## 월트 디즈니의 다르게 보는 눈

월트 디즈니는 세상에서 가장 풍부한 상상력을 가졌던 사람이다. 그의 눈은 다른 사람의 눈과 달랐다. 그는 아주 다른 시선으로 사물을 보았다. 대부분의 사람들은 생쥐를 징그러워하고 혐오스러워 한다. 그러나 디즈니의 눈은 생쥐에게서 아주 귀여운 모습을 발견했다. 그래서 아주 깜찍하고 귀여운 생쥐를 그렸다. 그가 그린 생쥐를 보고 징그럽다고 말하는 사람은 없었다. 생쥐를 아주 싫어하는 사람들도 그가 그린 생쥐는 좋아했다. 디즈니는 그 생쥐의 이름을 '미키마우스' 라고 불렀다.

디즈니는 모든 동물들이 천진하고 순수한 모습으로 보았다. 그렇게 디즈니의 눈으로 곰은 곰돌이 푸가 되고, 아기 코끼리는 덤보가 되고, 아기 사슴은 밤비가 되었다. 디즈니는 아름답고 따뜻한 동화들을 애니메이션 영화로 만들었다. 《백설 공주》, 《신데렐라》, 《잠자는 숲 속의 공주》는 세상의 아이들에게 착한 심성을 불어넣어주었다. 그의 눈은 세상의 모든 것을 다르게 보았다.

1965년의 어느 날 디즈니는 플로리다주 올랜도 지역의 도시에서 멀리 떨어진 곳에 있는 황무지를 보러갔다. 그는 함께 간 사람들에게 말했다.

"이곳에 도시를 세우면 멋지지 않을까? 교통체증이나 스모그, 빈민촌이 없는 도시가 될 것이다."

다른 사람들은 그곳에서 늪지와 숲밖에 보지 못했지만, 디즈니는 디즈니랜드라는 앞으로 건설될 놀이왕국을 보았던 것이다. 디즈니는 이곳을 단순한 놀이공원이 아니라 세상의 모든 어린이들에게 꿈과 모험과 환상을 주는 꿈의 세계로 만들었다. 디즈니가 만든 애니메이션 영화들과 그의 상상력의 산물인 디즈니랜드는 인류 역사상 가장 많은 사람들에게 꿈과 환상, 모험과 즐거움을 주고 있다. 그는 일생동안 그의 직원들과 함께 48개의 아카데미상과 7개의 에미상을 포함하여 세계 각국으로부터 950개가 넘는 훈장과 표창

장을 받았다. 이 모든 것은 디즈니의 꿈꾸는 삶에서 비롯되었다. 다른 사람들과는 다른 방식으로 보는 눈이 만든 결과이다.

 ## 몽골 사람들의 시력

몽골 사람들은 눈이 좋기로 유명하다. 몽골인들은 평균적으로 5.0~7.0에 이르는 좋은 시력을 가지고 있다. 6.0의 시력이면 5km 떨어진 곳의 10cm의 물건을 볼 수 있는 정도라고 한다. 그들은 12km 밖에 있는 말이 누구네 말인지를 구분할 수가 있다.

몽골에서는 해마다 혁명 기념일에 각국의 외교관들을 초청하여 30km 경마대회를 개최한다. 기수들이 출발하고 한 참 후에 먼저 몽골인 관중석이 술렁거린다. 외국인들은 왜 그러는지 몰라서 어리둥절해 한다. 외국인들의 눈에는 10분 넘게 지나서야 겨우 1등으로 들어오는 말을 볼 수 있는데 비해서 시력이 좋은 몽골인들은 10분 먼저 볼 수 있었던 것이다.

세계 역사상 가장 넓은 영토를 가졌던 나라가 몽골이고, 그 제왕은 칭기스칸이었다. 칭기스칸의 군대는 가장 빠르게, 가장 넓은 영토를 정복했다. 10만 명에 불과한 그의 군대가 수십만 수백만의 군대와 싸워서 이길 수 있었던 비결은 무엇일까? 몽골인의 기상, 말, 기마술, 용맹, 용병술, 전술 등 많은 요인이 있을 것이다. 그 외에 중요한 요인이 있었을 법하다. 손자병법의 핵심인 "적을 알고 나를 알면 백번 싸워서 백번을 이길 수 있다"는 말을 적용해보라. 수 십리 밖에서 적들의 규모와 움직임을 손바닥 들여다보듯이 보면서 싸움에 나서는 군대를 어떻게 이긴단 말인가?

다른 사람보다 멀리 보는 것, 미리 보는 것, 미래를 보는 것은 인생에서 승리하는 중요한 요인이 된다.

 ## 빌 게이츠의 멀리 보는 눈

미래를 남보다 먼저, 그리고 미리 보았던 대표적인 인물이 빌 게이츠이다. 열세 살에 컴퓨터를 처음 접한 빌 게이츠, 아직도 컴퓨터가 아주 비싸고 희귀했던 시절에, 그는 전 세계의 모든 책상 위에 컴퓨터가 놓인 미래의 현실을 보았다. 컴퓨터 세상이 될 미래, 그리고 컴퓨터 운영체계가 중요한 세상이 된다는 것을 남들보다 먼저 볼 수 있었다. 그는 컴퓨터 시대가 급박하게 오고 있는 것을 볼 수 있었기 때문에 대학에 머물러 있을 수가 없었다. 그래서 대학을 중도에 포기하고 마이크로소프트사를 만들었다. 그리고 지금 세상의 모든 사무실의 책상에는 컴퓨터가 놓여지고 있다. 그가 미리 보았던 것처럼.

빌 게이츠는 세계 제일의 부자가 되었다. 부자가 된 그의 눈은 다른 부자들의 눈과는 다르게 가난한 사람들이 보고 있다. 그는 많은 자선 단체에 엄청난 기부금을 냈지만 그것으로 만족할 수가 없었다. 그래서 그는 전혀 다른 방식의 자선사업을 시작했다. 더 크고 효과적인 구제활동을 위해서 자신의 재산의 대부분인 290억 달러를 출연하여 '빌 & 멜린다 게이츠 재단' 을 만들었다. 그는 세계의 빈곤과 질병의 문제를 해결하는데 집중하기 위해서 세계최대기업인 마이크로소프트사의 회장직에서 물러났다.

남들이 보지 못하는 것을 보는 사람, 남들보다 더 멀리 잘 볼 수 있는 사람이 성공하는 인생을 살 뿐만 아니라, 더 아름다운 인생을 살 수 있다.

##  꿈꾸는 사람들이 만들어 온 역사

꿈꾸는 사람들은 남들이 보지 못하는 것을 본다. 그들의 눈에는 평범한 것에서도 특별한 것들이 보인다. 그들의 눈은 사람들이 보지 못하는 미래를 볼 수 있다. 꿈꾸는 사람은 미래를 보기만 하는 것이 아니다. 그들은 자기가 보는 미래를 현실로 만들기 위해 꿈을 위한 삶을 산다. 인류의 역사는, 인류의 문명은 그렇게 꿈꾸는 사람들에 의해서 이룩되었다.

## 03 꿈의 크기는 사람의 크기이다

사람마다 마음속에 자기 자신이 어떤 사람인가에 대한 이미지를 가지고 있다. 사람들은 그 자신에 대한 이미지에 따라서 생각하고 행동하게 된다. 이것을 세팅 포인트(Setting Point)라고 한다.

사람들은 세팅 포인트를 어디에 두느냐에 따라서 자기 성장의 한계가 결정된다. 그래서 세팅 포인트가 높은 사람도, 세팅 포인트가 낮은 사람도 각각 그만큼 성장한다. 대부분의 학생들은 초중고를 다닐 때 거의 비슷한 점수와 등수를 기록하는 경향이 있다. 사람들은 자신이 설정한 세팅 포인트에 걸맞는 만큼 공부하기 때문에 그런 결과가 나오는 것이다. 결국 학창시절의 성적은 성적에 대한 자신의 세팅 포인트가 상·중·하위권을 결정했던 것이다. 공부를 해도, 직장 생활을 해도, 사업을 해도 자신에 대해서 스스로 생각하는 이미지, 자신이 설정해 놓은 세팅 포인트가 자기 성장의 한계를 만드는 것이다. 결국 꿈의 크기가 자기의 크기를 결정하는 것이기에 사람의 크기는 꿈의 크기와 같다고 할 수 있다.

# 히딩크의 세팅 포인트

한국축구역사의 황금기는 2002년이다. 2002한일월드컵 대회에서 한국축구국가대표팀은 4강에 올랐다. 그것은 기적과 같은 성과였다. 우리 대표팀은 아시아 대표로 여섯 차례나 월드컵대회에 출전했었지만 그때까지 단 1승도 거두지 못했었다. 우리 팀이 16강에만 올라갔어도 우리나라 뿐 아니라 온 세계가 기적이라고 말했을 것이다. 그런데 세계 정상급의 쟁쟁한 팀들을 꺾고 8강을 넘어 일거에 4강에 올라갔다. 그때 한국축구의 영웅은 산소탱크 박지성도, 반지의 제왕 안정환도 아니었다. 한국축구의 영웅은 네덜란드인으로 한국축구 국가대표팀 감독을 맡았던 히딩크 감독이었다. 사람들은 '히딩크의 마법' 이라고 불렀다.

히딩크의 마법은 2006년 독일월드컵에서도 통했다. 그는 호주대표팀을 이끌고 독일월드컵에 출전했다. 호주팀은 월드컵 본선에 처음 올라온 팀으로 최약체로 분류되던 팀이었다. 히딩크는 그런 호주팀을 월드컵 16강에 올려놓았다.

히딩크 감독이 이런 성과를 올리는 비결은 무엇이었을까? 그 비밀은 세팅 포인트(Setting Point)에 있다. 히딩크는 자신에 대하여 높은 세팅 포인트를 가지고 있는 사람이었다. 먼저 그는 감독으로서의 자신을 별볼일없는 감독이 아니라 세계 최고의 감독이라고 생각한다. 그래서 자신이 맡은 팀은 세계 정상이 될 수 있다고 확신한다. 그는 이런 생각을 현실화시킬 수 있는 전술을 치밀하게 개발했고, 목표를 이루기 위해서 선수들을 혹독하게 훈련시켰다. 90분 내내 뛸수 있는 강인한 체력 훈련, 고도의 전술 훈련도 했다. 그러나 무엇보다도 선수들에게 자신감을 심어주기 위해 노력했다. '5대 0 감독'이라는 별명으로 비난을 받으면서도 세계 정상의 강팀들과 평가전을 자주 가졌다. 우리 선수들도 스스로에 대해서, 우리 팀에 대해서 세팅 포인트를 높일 수가 있었다. 히딩크 감독은 자신이 가지고 있던 세팅 포인트를 선수들과 공유할 수 있게 되었다.

그렇다면 히딩크는 도대체 얼마나 높게 세팅 포인트를 잡았던 것일까? 그는 8강에 올랐을 때 "나는 아직도 배 고프다."고 말했다. 이 말을 통해서 그가 한국팀을 가지고 월드컵 우승을 꿈꾸었음을 알 수 있다.

그 때까지 우리 팀의 감독을 맡았던 누구도, 우리 선수들과 축구협회 관계자들도 세팅 포인트를 그렇게 높게 가졌던 사람은 없었다. 히딩크 감독 이후 열렸던 2006년, 2010년 월드컵에서 우리팀은 16강에도 못 들었다. 그 원인은 히딩크 감독처럼 세팅 포인트를 높게 가지지 못했기 때문이다. 히딩크의 위대함이 돋보일 수밖에 없는 모습이다.

 ## 황제의 이름에 담겨진 세팅 포인트

로마의 아우구스투스 황제의 풀 네임(정식 이름)은 '임페

라토르 율리우스 카이사르 아우구스투스(Imperator Julius Caesar Augustus)' 라는 긴 이름이다. ' 로마의 최고 사령관이며, 율리우스 가문 출신으로, 카이사르의 후손이며, 존엄한 자 '라는 뜻을 담고 있는 이름으로 자신을 칭하게 하였다. 그는 자신의 이름에 자신이 되고자 했던 세팅 포인트를 담았던 것이다. 그는 자신의 이름이 불릴 때마다 세팅 포인트를 되새기며 훌륭한 황제가 되었다. 또 사람들은 그의 이름을 그렇게 반복해 부르는 사이에 그 이름에 담겨진 이미지로 그를 인식하게 되었다.

우리도 자기가 되고 싶은 자신에 대하여 특별한 이름을 붙여 볼 필요가 있다. 원대한 스케일과 위엄, 그리고 자신의 꿈을 담은 이름으로 자신을 불러보자.

# 04 꿈은 인생의 마스터키이다.

 꿈에 사로잡혀 사는 사람은 어려움을 만나도 좌절하지 않는다. 꿈에 대한 확신이 있는 사람은 현재의 어려움을 극복하고 꿈을 이룰 수 있다는 확신을 가지고 있기 때문이다. 이 확신은 신념이 된다. 확고부동한 신념을 가진 사람은 환경에 지배를 받지 않는다. 도리어 환경을 지배하게 된다. 자기가 처한 환경을 관리가능하다고 믿는다. 이러한 믿음을 가지고 있는 것만으로도 대부분의 문제를 극복할 수 있다. 이런 신념을 가지고 있는 사람은 그렇지 못한 사람보다 더 많은 것을 성취할 수 있게 된다. 꿈은, 신념화된 꿈은 인생의 문제를 해결하는 마스터키의 역할을 한다.

## 김인강 인생의 마스터키가 되어준 꿈

김인강은 가난한 농부의 아들로 태어났다. 인강은 두 살 때 소아마비를 앓았다. 가난한 부모는 아들의 치료시기를 놓쳤고, 인강은 결국 걸을 수 없는 아이가 되었다. 인강은 따로 돌봐 줄 사람이 없었다. 부모님이 밭에서 일하는 동안에는 밭고랑 비료부대 위에 엎드려 있어야만 했다. 한 손으로는 땅을 짚고 다른 한 손으로는 비닐 부대를 잡아끌며 흙바닥 위를 기어 다녔다. 그의 아버지는 술을 마신 날이면 어김없이 말했다.

"저런 쓸모없는 놈 제발 좀 갖다버려!"

그리고 아내를 다그쳤다.

"저 놈을 밭에 파묻어버려!"

아버지의 그 말에 인강은 죽지 않기 위해서는 뭔가 훌륭한 사람이 되어야 한다는 생각을 했다. 그는 살기 위해서 뭔가가 되기를 꿈꾸어야 했던 것이다.

바람이 많이 불던 쌀쌀한 봄날, 인강의 어머니는 아들을 업고 초등학교에 입학시키러 갔다. 그러나 학교로부터 거절당했다. 어머니는 울면서 인강을 업고 돌아왔다. 등에 업힌 인강도 '나는 배울 수도 없는 사람이구나.' 생각하며, 서러움의 눈물을 많이 흘렸다. 그렇게 학교도 갈 수 없고, 집 밖에도 나갈 수 없었던 인강은 책을 많이 읽었다. 그리고 뭔가를 상상하며 지냈는데, 그것이 그의 생각을 키워놓았다.

드디어 하나님은 인강에게 배움의 기회를 허락해주셨다. 대전에서 고학하며 어렵게 학교를 다니던 누나가 라디오에서 들은 정보를 가지고 온 것이다. 장애아들을 먹이고 재우고 기술도 가르쳐주는 학교가 있다는 것이다. 인강은 11살이 되었을 때 그렇게 알게 된 재활원에 들어갔다. 재활원의 생활은 생각보다 쉽지 않았다. 아이들은 싸움을 걸어왔고,

그런 아이들 틈에서 짠 김치와 마른 단무지를 반찬으로 허겁지겁 밥을 먹어야 했다. 식사 후에는 취침 전 청소를 해야 했고, 콩나물시루 같은 작은 방에서 여섯 명이 함께 잤다. 그리고 보조기를 끼우고 목발을 짚을 수 있기 까지 2년 동안 엄청난 고통이 따르는 물리치료를 받아야 했다. 그 열악한 환경과 어려움을 그는 뭔가 '훌륭한 사람'이 되는 꿈을 이루어줄 것 같은 공부 때문에 참고 견뎠다.

인강은 공부에서는 언제나 1등이었다. 그렇게 초등학교 과정을 마치고 중학교에 진학을 해야 했다. 그러나 중학교는 그의 입학을 몇 번이나 거절했다. 인강의 재활원 선생님은 대전중학교로 교장선생님을 찾아가서 반협박까지 했다.

"이 학생을 안 받으면 나중에 후회할 겁니다. 이 아이가 나중에 대전중학교 이름을 날릴 테니 두고 보세요."

인강은 그런 선생님 덕분에 중학교에 입학할 수 있었다. 그는 그렇게 얻은 배움의 기회를 소중하게 여겼다. 그래서 열심히 공부를 했고, 중학교에서도 늘 전교 1, 2등을 다투며 상위권을 유지했다. 그리고 고입 연합고사에서 만점을 받았다. 인강은 시에서 주는 장학금을 받고 충남고에 들어갔다.

이제 시골에서 올라온 부모님과 대전에서 함께 살게 되었다. 그러나 공부할 수 있는 환경이 되지는 않았다. 온 식구가 방 하나에서 살아야 했고, TV가 크게 틀어져 있는 방 한 구석에서 밥상을 놓고 공부를 해야 했다. 그러나 고등학교 때 선생님은 그가 진로를 수학으로 정할 수 있게 해주었다.

몸 때문에 육체적으로 힘을 쓰는 직업은 피해야 하고, 사법고시에 합격한다 해도 임용이 쉽지 않은 게 현실이고, 생물학이나 화학은 위험한 실험이 많아 쉽지 않다고 하시면서 말했다.

"인강이는 수학을 잘하고 또 좋아하니 수학을 전공하는 것이 어떻겠니?"

그렇게 인강은 고등학교를 졸업하고 서울대학교 수학과에 들어갔다. 서울대에 입학은 했지만 학업과 과외 아르바이트로 생활비를 버는 고된 생활을 했다. 게다가 대학 3학년 때 폐에 구멍이 나서 큰 수술을 받았다. 숨을 쉴 때마다 죽고 싶을 만큼 고통을 느꼈다. 퇴원하고 1년 가까이 반지하방에 누워 있으면서 가난과 질병의 고통을 몸으로 느끼며 살았다. 그러나 그 고통 중에서, 신앙인이었던 그는 '내가 겪은 아픔을 통해 고통에 처해 있는 다른 사람들을 이해하고 보듬는 것이 내가 살아야 하는 이유' 라는 깨달음을 얻었다. 살기 위해서 가졌던 '훌륭한 사람' 에 대한 추상적인 꿈이, 이제 살아야 하는 이유를 가진 구체적인 꿈으로 변하게 된 것이다. 그는 복학해서 한 차원 높은 생각을 가지고 공부를 했고, 전체 차석으로 서울대학교를 졸업했다. 그리고 전액 장학금을 받으며 미국 버클리대학으로 유학을 할 수 있었다.

유학에서 돌아온 김인강은 카이스트 교수, 서울대 교수를 거쳐서 지금은 한국고등과학원(KIAS) 교수로 재직하고 있다. 그는 특히 보통 사람들에게는 낯선 '3차원 다양체의 위상수학', 그리고 기하학 분야의 새로운 연구로 그 독창성을 세계적으로 인정받고 있다. 그런 연구업적이 인정을 받아 2007년 40세 이하의 우수한 과학자에게 주는 '젊은 과학자상'을 받았다. 김인강은 이제 명실공히 우리나라를 대표하는 수학자가 되었다.

김인강 교수가 어렵고 힘든 환경들을 모두 극복할 수 있게 해준 것은 꿈이었다. 처음에는 막연히 '훌륭한 사람'이 되는 것을 꿈꾸었다. 죽지 않기 위한 꿈, 살기 위한 처절한 꿈이었다. 그러나 이제는 어려운 사람들에게 희망과 기쁨을 주는 인생을 꿈꾼다. 그는 '기쁨공식'이라는 책을 통해서 자신처럼 어려운 환경의 사람들에게 기쁨을 가지고 살 수 있는 길을 알려주고 있다. 그는 말한다.

"우리에게 주어진 인생은 다 달라요. 하지만 분명한 건 어떤 인생이든 시작과 끝은 스스로 책임져야 한다는 거예요. 그 인생이 싫든 좋든 상관하지 말고, 끝까지 포기하지 말고 용기를 가지고 아름답게 인생을 일궈내기를 바랍니다. 제가 그랬던 것처럼 특히 어려운 인생을 가진 사람들은 더욱 더요."

 ## 두 개의 실험실 이야기

두 개의 실험실에 비슷한 수준의 사람이 같은 수로 들어 있다. 두 그룹 모두에게 동일한 조건이 주어진다. 집중하기

어려운 시끄러운 소음들을 들려준다. 두 사람은 스페인어로 크게 떠들고, 한 사람은 아르메니아어로 횡설수설하고, 인쇄기가 돌아가면서 인쇄하는 소리, 자동차들이 빵빵대고 부릉대는 거리의 소음이 뒤섞여 있다. 사람의 신경에 거슬리는 극심한 소음공해의 환경이다. 아주 시끄러운 잡음이 들리는 공간, 이런 아주 열악한 환경에서 일을 하도록 과제가 주어진다. 그것은 복잡하고 어려운 수학 문제를 푸는 일과 원고를 교정하는 일이다. 두 그룹 모두에게 똑같은 일이 주어졌다.

두 그룹 사이에 다만 한 가지 다른 조건이 주어졌다. 한 그룹의 사람들에는 소음을 차단할 수 있는 스위치가 개인별로 주어진 것이다. 이들은 자기가 원하면 언제든지 소음을 지울 수 있고, 소음의 스트레스로부터 벗어날 수 있다. 잡음들이 신경에 거슬려 작업에 장애가 된다고 느껴지면 스위치를 누르면 그만인 것이다.

일정한 시간이 지나고 나서 두 그룹의 성과를 비교해 보았다. 결과는 소음 제거 스위치를 가지고 있던 그룹의 사람들은 그렇지 않은 그룹의 사람들보다 어려운 수학 문제들을 다섯 배나 더 많이 풀었고 정답율도 높았다. 원고 또한 더 많은 양을 더 정확하게 교정해 냈다. 그러나 이 실험에서 얻은 정말 중요한 결과는 다른 곳에 있었다. 그것은 소음 제거 스위치를 가지고 있던 사람들 중에서 실제로 스위치를 사용한 사람이 아무도 없었다는 사실이다.

　실제로는 두 그룹의 사람들이 모두 소음이 심한 동일한 조건에서 일을 했던 것이다. 그러므로 일의 성과에 차이를 만들어 낸 것은 소음 자체가 아니었다. 그것은 소음에 대한 심리적인 문제였다. 언제든지 소음을 지울 수 있다고 생각하는 사람들은, 자신의 환경을 자신이 조절할 수 있다는 심리적 자신감 때문에, 소음으로 인한 장애를 느끼지 않았던 것이다. 소음이 있어도 그것을 지워야할 필요조차 느끼지 않은 것이다. 반면에 소음제거 스위치를 가지고 있지 못했던 사람들은 물리적 환경에 영향을 받았다. 그리고 그것 때문에 일을 할 수 없다고 생각했고, 이런 심리 상태는 실제로 일하는데 큰 장애로 작용했던 것이다.

　이 실험의 결과는 자신의 모든 문제를 해결할 수 있다는 믿음이 있는 사람과 그렇지 않은 사람들의 삶의 차이를 잘 보여준다. 확고한 신념이 있고 없고의 차이는 인생의 마스터키를 가지고 있고 없고의 차이를 만들어 낸다.

　꿈은, 꿈에 대한 열정은, 꿈의 성취에 대한 확신은 그런 확고한 신념을 준다. 그 신념은, 신념화 된 꿈은 고난에 함몰되지 않게 해주고, 불가능해 보이던 문제를 결국은 해결할 수 있게 한다. 결국 꿈은 인생의 모든 역경을 극복하게 하는 마스터키가 되는 것이다.

# 05 꿈꾸며 사는 인생이 진짜 인생이다

 여기가 아닌가벼?

나폴레옹 개그 시리즈가 있다. 나폴레옹이 높은 산봉우리를 가리키며 명령을 내렸다.

"저 고지를 점령하라!"

나폴레옹의 군대는 많은 사상자를 내는 치열한 전투 끝에 그 고지를 점령했다. 그런데 고지에 올라선 나폴레옹이 사방을 둘러보다가 하는 말,

"어~, 이 고지가 아닌가벼?..."

기진맥진한 병사들은 이 소리를 듣고 상심하여 절반이 죽었다. 그렇다고 거기서 멈출 나폴레옹이 아니었다. 나폴레옹은 옆에 있는 다른 봉우리를 가리키며 명령을 내렸다.

"저 고지를 점령하라!"

나폴레옹의 군대는 죽기 살기로 전투를 벌이며 어렵사리 옆 고지를 점령하였다. 옆 고지에 오른 나폴레옹이 다시 둘러보고 하는 말,

"어~, 여기가 아니고, 아까 거기가 맞는가벼?..."

이 소리를 들은 나머지 병사들은 어이가 없어 다 죽고 말았다.

이 이야기는 웃자고 하는 이야기이다. 그런데 웃을 수 없는 이야기이다. 많은 사람들의 인생살이를 잘 보여주는 이야기이기 때문이다. 사람들은 인생의 목표를 세우고 죽도록 노력해서 정상에 서기도 한다. 그러나 그렇게 꿈에도 그리던 고지에 오르고 난 후에 '이게 아닌데...!' 하고 후회하는 사람들이 적지 않다. 남이 볼 때는 크게 성공했는데 스스로는 자기는 인생을 헛살았다고 후회하는 사람들이 많기 때문이다.

인생을 살고 나서 후회하지 않기 위해서는 참된 꿈을 추구하면서 살아야 한다. 진짜 인생은 의미 있는 꿈을 꾸면서 산 인생이다. 아무리 크게 성공한 인생도 꿈과 동떨어진 인생이라면 진짜 인생을 살지 못했음을 후회하게 될 뿐이다.

 ## 존 우드의 꿈, 리드 투 룸

존 우드(John Wood)는 30대의 젊은 나이에 세계적인 기업 마이크로소프트 중국지사 이사에 올랐다. 능력 있고 인정받고 높은 연봉을 받는 잘 나가는 인생을 살고 있었다. 그의 인생은 탄탄대로처럼 보였고, 마음만 먹으면 누릴 수 있는 모든 것을 누릴 수 있을 것 같았다. 그런데 그는 '인생이란 단지 이것뿐인가?' 라는 회의가 들었다. 그리고 스트레스가 쌓이고 있었다. 그는 여유를 찾기 위해서 네팔로 트레

킹을 떠났다. 그곳에서 그의 인생이 바뀌었다. 참된 꿈을 갖게 되었기 때문이다.

우드는 차도 갈 수 없는 네팔의 오지에서 450명이 공부하는 학교를 방문하게 되었다. 그곳 학생들은 도서관도 책도 없었다. 아이들은 읽을 수 있는 책을 간절하게 원하고 있었다. 그는 아이들에게 책을 보내주겠다고 약속을 하고 돌아왔다. 얼마 후에 우드는 당나귀 대상(隊商) 행렬에 책을 가득 싣고 가서 책을 전달해주었다. 산더미처럼 많은 책을 보면서 아이들은 열광했다. 기뻐하는 아이들의 눈망울을 잊을 수 없었던 우드는 회사의 일을 하면서 오지의 아이들에게 책을 보내는 일을 계속했다. 그는 '현실적인 일'과 '정말 하고 싶은 일'을 놓고 갈등하다가 '하고 싶은 일'을 하기로 결단을 내렸다. 그래서 회사에 사표를 내고 본격적으로 책을 읽게 하고 배움을 주는 일에 나섰다.

존 우드가 그런 결심을 하게 된 것은 저개발 국가들의 교육수준이 열악하기 때문이었다. 더구나 그런 나라들의 대부분은 여성에 대한 교육은 거의 없었다. 여자를 재산의 일부분으로 생각하는 사회 풍토는 여자는 결혼을 시켜서 지참금을 받아내기 위한 수단으로 생각하는 경우가 많았다. 존 우드는 이러한 여성들을 교육시키고, 이 일을 위해서 학교를 지어주는 일을 하기 시작했고, 도서관을 만들어 주는 일을 시작했다. 그는 자선기금을 모아서 학교를 지어주고, 도서관을 지어주었다. 이를 위해서 존 우드는 룸 투 리드(room to read·독서를 위한 공간) 재단을 설립했다.

그는 배고픔보다도 배움과 책에 목마른 세계 오지의 아이들이 꿈을 꿀 수 있도록 하는 것을 꿈꾸고 있다. 그는 이 일을 '세상 끝의 아이들을 꿈꾸게 하는 일'이라고 생각하고 있다. 그렇게 꿈을 꾸면 세상이 변할 것으로 믿고 있다.

룸 투 리드 재단은 네팔 뿐 아니라, 베트남, 크메르, 인도, 라오스, 스리랑카, 모잠비크와 아프리카 여러 나라들에 룸 투 리드 학교, 도서관, 컴퓨터 교실을 세웠다. '룸 투 리드(Room to Read)'는 전 세계에 도서관 1만2000개와 학교 1500개를 세웠다. 그는 미국의 철강왕 카네기가 미국 전역에 좋은 시설을 갖춘 2500개의 도서관을 지어준 이래로, 카네기보다 더 많은 도서관을 지은 최초의 사람이 되었다. 물론 카네기의 도서관처럼 크고 시설 좋은 도서관은 아니지만, 그보다 더 소중하고 사랑받는 도서관을 지어주었다. 그리고 2011년에는 1000만 권 째의 책을 전달했다. 룸 투 리드 재단은 하루에 6개의 도서관을 새로 개관해 나가고 있다. 동시에 아이들이 읽기에 적합한 책을 만들어 전달하기 위해서 여러 나라 언어로 책을 출판하고 보내주는 일을 계속하고 있다.

우드는 세계 인구의 십분의 일이 넘는 7억 9300만 명이 문맹이라는 사실에 좌절하기도 했다. 글을 읽지 못하는 사람은 아무리 책을 지원해주어도 아이들이 책을 통해서 꿈을 얻지 못할 것이기 때문이다. 그래서 더욱 학교를 지어 배움을 주는 것이 절실한 일이 되었다. 그렇게 배움과 꿈을 주지 않으면 그들의 가난이, 그 가난의 악순환이 계속될 것이기 때문이다.

우드는 20년 안에 5000만 명이 이용할 수 있는 도서관 10만 개를 짓는 것을 꿈꾼다. 그리고 50년 안에 '잘못된 시간과 장소에서 태어났기 때문에 교육을 받을 수 없다' 는 생각 자체를 뒤집는 것을 꿈꾼다.

##  일하는 이유, 돈 때문인가 꿈 때문인가?

많은 사람들은 돈을 벌기 위해서 일을 한다. 그것도 의식주를 해결하기 위한 돈을 벌기 위해서 직장을 잡고, 일을 한다.

온라인 취업포털 '사람인' 이 직장인들을 대상으로 설문조사를 했다. "현재 일을 하는 이유는 무엇입니까?" 라고 물은 결과 '돈을 벌기 위해서' (53.3%)가 가장 많았다. '자아실현을 위해서' (6.2%)나 '일에 대한 보람을 느껴서' (5%)라는 대답은 그리 많지 않았다. '꿈을 위해서' 라고 대답한 사람은 별로 없다.

직업 또는 직장을 꿈과 연관시키는 사람이 거의 없는 것으로 보인다. 대부분의 사람들(86.2%)은 청소년기에 꿈꾸던 것과는 다른 직업을 가지고 있었다. 그저 취업을 위한 취업, 돈을 벌기 위해 직장생활을 하는 것이다. 당연한 결과로 현재의 직업에 만족하는 사람보다는 불만족 한다는 사람이 훨씬 더 많았다. 그 이유 또한 돈이었다. 현재의 일에 불만을 가지고 있는 사람들의 절반은 연봉이 높지 않아서라고 대답했다. 그리고 너무 많은 사람들(61.1%)은 현재의 직업으로는 미래에 대한 비전이 없다고 대답한다. 그들은 성공할 가능성도 없는 직장생활을 계속하면서 살고 있는 것이다.

이런 현실은 시지프스 신화의 서글픔을 느끼게 한다. 그리이스 신화에 나오는 시지프스는 제우스의 형벌을 받아 높은 바위산에 큰 바위를 굴려 올려야 하는 형벌을 받는다. 죽을 힘을 다해 바위를 올려놓으면, 그 바위는 제 무게만큼의 속도로 원래 있던 산 아래로 내려간다. 이 보람도 없는 일을 끝없이 반복해야 하는 시지프스 이야기는 의미도 없고 보람도 없는 일을 반복하는 모든 사람들의 이야기이다.

시지프스의 노동은 꿈을 꿀 수 없는 노동이다. 꿈이 없는 일은 보람도 없다. 꿈이 없는 일은 평생을 해도 의미를 찾을 수 없다. 꿈을 꾸며 할 수 있는 일이 가장 보람된 일이다. 직장생활이든 사업이든 꿈과는 전연 상관없이 일을 하지는 말자. 직장에서의 일이 직접적으로 꿈을 이루는 일이 아닐 수도 있다. 그러나 최소한 꿈을 위해서 의미 있는 일이 되게 하라. 돈이 목적인 돈을 위한 직장생활이 아니라, 꿈을 위해서 돈을 버는 직장생활이 되어야 한다. 직장에서 돈을 벌어 꿈을 위해 투자하라. 꿈을 위한 일에 투자하라. 그렇게 병행할 수 없다면 돈보다는 꿈을 위해 할 수 있는 일을 찾으라. 존 우드가 보여준 인생이 바로 그것이다.

# 06 꿈은 사로잡힘이다.

 두 종류의 꿈

꿈에는 두 종류가 있다. 하나는 자신이 스스로 만들어 가지는 꿈이다. 자신의 성격, 재능, 좋아하는 것, 사회적인 필요 등을 종합적으로 고려해서 꿈을 세우게 된다. 이런 사람들의 꿈은 대체로 무엇이 '되는 것'을 꿈으로 갖는 경향이 있다. 정말 뜻이 있는 사람이라야 무엇이 된 후에 '무엇을 할 것인가?'를 생각하게 된다.

이와는 성격이 아주 다른 꿈을 가지게 되는 사람들이 있다. 이들은 뭔가에 사로잡혀서 꿈을 가지게 된다. 이런 사람들은 무엇이 '되는 것'에는 크게 관심을 갖지 않는다. 도리어 무엇을 '하는 것'에 관심을 갖는다. 어떤 것을 위해서 사는 인생을 살게 된다. 무엇이 되는 것도, 어떤 것을 이루는 것도 별로 신경 쓰지 않고 오직 꿈을 위해서 산다. 때로는 자신의 인생을 희생하면서까지 어떤 사람이나 일을 위해서 산다. 남들이 보면 이해할 수 없는 인생을 사는 사람이 된다. 꿈에 사로잡혀서 살고 있기 때문이다.

이런 꿈을 소명(召命, Calling, 부르심)이라고 한다. 하나님께 자신을 부르셔서 어떤 사명을 맡겼다고 생각하는 것이다. 이런 사람들은 평생 그 일을 위해서 산다. 뭐가 되고 안되고는 관심이 없다. 어떤 사람이 되는 것에도 관심이 없다. 오직 하나님께서 자기에게 맡겨주신 일을 감당하기 위해서 최선을 다하는 인생을 살 뿐이다.

## 목사님의 밥을 퍼주는 꿈

어느 날 한 사람이 등산을 가기 위해서 집을 나섰다. 그는 서울의 청량리역으로 기차를 타러 갔다. 배낭에는 버너와 코펠과 라면 몇 개가 들어 있었다. 한 끼든 두 끼든 라면으로 때울 생각이었다. 목적지에 가는 표를 사고 기차시간을 기다리기 위해서 대합실 의자에 앉았다. 그런데 맞은 편 의자에 누워있는 초라한 행색의 사람들이 눈에 들어왔다. 그들은 지치고 허기진 노숙자들이었다. 못 본 척 하려고 눈길을 돌려도 그의 눈길이 자꾸만 그 노숙자들에게로 돌아가는 것이었다. 그 노숙자들을 외면할 수 없었던 그는 코펠을 꺼내 화장실로 가서 물을 받아왔다. 대합실 한 쪽 구석에서 버너 위에 코펠을 얹고 라면을 끓였다. 그리고 노숙자들을 깨워서 라면을 먹였다. 그의 등산은 그렇게 끝났다. 산에 가지 못하고, 노숙자들에게 라면만 끓여주고 집으로 돌아왔다.

그날 이후 그 사람의 머리 속에 자꾸만 그 노숙자들이 떠올랐다. 아침에 일어나도 노숙자들이 생각났다. 점심을 먹어도 저녁을 먹어도 노숙자들에 대한 걱정에 밥맛이 없었다. 집에 있어도, 학교에서 강의를 들을 때에도 노숙자들이 생각났다. 그렇게 그는 굶주리는 청량리역의 노숙자들에 대한 생각에서 벗어날 수가 없었다. 그래서 어느 날 다시 라면을 사들고 청량리역으로 나갔다. 생각대로 대합실에는 노숙자들이 있었다. 그래서 다시 라면을 끓여주고 돌아왔다. 그렇게 노숙자들에 대한 생각에 강하게 이끌릴 때마다 그 사람은 라면을 사들고 청량리역으로 가서 그들에게 라면을 끓여 먹이곤 했다. 그러던 어느 날 그의 마음 속 깊은 곳에서 떠오르는 한 생각이 있었다.

"하나님께서는 이런 사람들을 위해서 일하라고 나를 부르신 것 아닐까?"

그 사람의 이름은 최일도이었고, 목사가 되기 위해서 신학대학원에 다니던 신학생이었다. 최일도 목사님은 그 때 그렇게 노숙자들과 거리의 불쌍한 사람들을 위해 일하라고 하나님께서 자신을 부르셨다고 믿게 되었다. 그리고 그들을 위해 일하는 목사가 되는 것을 꿈으로 가졌다. 최일도 목사님은 신학대학원을 졸업한 후 곧바로 청량리에서 노숙자들을 위한 사역을 시작했다.

그가 가장 먼저 시작한 일은 '밥 퍼 운동'이었다. 하루 한 끼의 밥도 못 먹는 떠돌이 노숙자들에게 점심밥을 먹여주자는 운동이다. 작게 시작한 그 일에 많은 교회와 개인들이 물

질적 후원과 자원봉사자로 참여했다. 최 목사님은 이 일을
30여 년간 계속하고 있다.

이것은 최일도 목사님의 꿈에 관한 이야기이다. 최 목사
님은 다일교회를 개척하면서, 다일공동체를 창설했다. 다일
천사병원을 지어서 가난한 사람들, 호적이 없는 사람들, 노
동력을 잃어 소득이 없는 떠돌이 외국인 노동자들 등 어렵
고 불쌍한 사람들을 위한 무료 의료서비스를 베풀고 있다.
우리나라 뿐 아니라 캄보디아, 미주, 베트남, 중국에도 다일
공동체를 설립하여 가난한 사람들을 위한 섬김을 실천하고
있다.

최 목사님이 청량리역에서 노숙자들을 만나서 목회에 대
한 꿈을 얻게 된 것은 모세가 광야에서 불타는 떨기나무의
하나님께로부터 이스라엘 해방에 대한 꿈을 얻었던 것과 같
다고 할 수 있다. 모세가 직접적인 하나님의 음성을 들은 것
과 최 목사님이 내면의 소리로 하나님의 음성을 들은 것은
형식만 다를 뿐 내용은 같은 것이다.

오늘날의 그리스도인은 내면의 목소리를 통해서 하나님
께서 우리를 꿈으로 부르시는 소리를 듣고 응답해야 한다.
이에 순종하면 하나님의 일을 위하여 귀하게 쓰임을 받는
다. 이런 꿈은 하나님께로부터 받은 꿈이다. 위로부터 내려
온 특별한 꿈이다. 이런 꿈을 위해서 사는 사람에게는 하나
님의 특별하신 능력이 함께 하신다.

# 하나님께로부터 특별한 꿈을 받는 사람들

자신이 세운 꿈도 귀하지만 하나님께로부터 받은 꿈은 더욱 귀하다. 하나님이 주시는 꿈에 사로잡힌 사람은 꿈을 이루려고 노력한다고 하기보다는 꿈에 이끌리는 삶을 산다. 꿈에 사로잡혀 산다. 세상의 출세도, 명예도, 편함도 마다하고 고생스러운 인생을 산다. 이런 사람들은 하나님의 영과 능력에 이끌리게 되므로 더 크고 아름다운 꿈을 이룰 수 있게 된다.

하나님은 특별한 사람을 불러서 일과 사명을 맡기신다.

"야곱아 너를 창조하신 여호와께서 이제 말씀하시느니라. 이스라엘아 너를 조성하신 자가 이제 말씀하시느니라. 너는 두려워 말라 내가 너를 구속하였고 ,내가 너를 지명하여 불렀나니, 너는 내 것이라."(사 43:1)

'야곱'은 아브라함의 손자요 이스라엘 열두 지파의 조상인데, 여기에서는 특별히 하나님의 부르심을 입은 사람들을 가리키는 말로 사용했다. 하나님은 특별한 하나님의 사람을 불러서 사명을 맡겨주신다는 뜻이다.

하나님께서는 꼭 하나님을 잘 믿는 사람만 불러 사용하시는 것은 아니다. 때로는 하나님을 잘 모르는 사람까지도 하나님의 일을 위해서 어떤 특별한 자리와 일을 맡겨주시기도 한다. 구약성경 시절의 페르시아의 고레스왕이 그런 경우였다.

"내가 나의 종 야곱, 나의 택한 이스라엘을 위하여 너를

지명하여 불렀나니, 너는 나를 알지 못하였을지라도, 나는 네게 칭호를 주었노라.”(사 45:4)

어느 순간 당신도 하나님의 부르심을 받을 수 있다. 그 부르심을 거절하지 말고 그 소명을 당신의 꿈으로 삼으라. 그렇게 하나님이 주신 꿈을 이루기 위한 삶을 살면 당신도 하나님의 사람이 된다.

# 07 꿈은 나의 존재이유이다

살아 있는 사람은 꿈을 꾼다. 더 정확하게 말하면, 꿈을 꾸는 사람이어야 진정으로 살아 있는 사람이라고 말할 수 있다. 꿈을 꾸지 않는 사람은 살아 있어도 살아 있다고 말할 수 없다.

꿈을 갖고 있지 않은 사람은 왜 사는지에 대해서 대답할 수 없다. 자신이 존재해야 하는 이유에 대해서도 말할 수 없다. 꿈 속에는 존재이유가 들어 있다. 사람들은 자신이 존재해야 하는 이유를 꿈으로 가지고 있다.

꿈은 인생의 지향점이다. 무엇을 위해서 살아야 하는지를 가리킨다. 꿈은 인생의 목적이다. 무엇을 위해서 살아야 하는지를 알게 한다. 꿈을 가지고 사는 사람의 모든 행위들은 의미를 갖는다. 꿈을 위해서 사는 사람에게는 무의미한 행위가 없다. 먹는 것도 싸는 것도, 학교를 다니는 것도 학원을 다니는 것도, 공부를 하는 것도 기술을 배우는 것도, 일을 하는 것도 쉬는 것도, 출장을 가는 것도 여행을 가는 것도 다 꿈을 위해서 의미 있는 행위가 된다. 꿈이 없는 사람은 인생의 방향을 정하지 못하고 방황하게 된다. 무엇을 해야 할지도 알 수 없고, 무엇을 해도 의미가 없다.

꿈은 살아야 하는 이유이다. 꿈이 있는 사람은 자신이 세상에 있어야 할 이유를 알게 한다. 꿈은 자신이 아니면 누구도 대신할 수 없는 절대적인 자신만의 삶의 영역을 만들어준다. 꿈은 꼭 자신이어야 할 절대적인 존재 가치를 만들어준다. 나의 꿈은 나를 세상에 태어나게 해준 하나님의 뜻과 맞닿아 있다. 꿈은 나의 존재 가치를 지구를 넘어 우주적인 차원으로 확장시켜준다. 꿈은 나의 존재이유가 된다. 참된 꿈이 있는 사람은 세상에 꼭 필요한 존재가 된다.

 ## 하나님은 꿈꾸는 사람의 죽음도 미루어주신다

"참 좋다!"

이 말은 독일의 철학자 칸트가 죽으면서 마지막 남긴 말이라고 한다. 한 인생 후회 없이 잘 살고, 천국을 소망할 수 있는 사람이 할 수 있는 말이라고 생각된다. 지금 당신에게 죽음의 순간이 찾아온다면 어떤 말을 할 수 있을까?

이 글을 쓰는 나도 죽음의 순간을 만났던 일이 있다. 불암산 아래 살던 나는 운동 삼아 불암산 등산을 즐겼다. 불암산은 바위산이라서 경사진 바위들이 많다. 니찌화라는 바위를 탈 때 신는 등산화 하나 신고 급한 경사의 바위로 오르고 내리는 사람들이 꽤 많다. 나도 보조 장비 없이 오직 니찌화에 의지해서 수십에서 백 미터 이상 되는 긴 급경사의 바위로 등산하는 것을 좋아했다. 스릴도 있고, 고도의 긴장감도 있기 때문이다. 무엇보다도 시야가 탁 틔어서 바위에 앉아 서울을 내려다보는 맛이 일품이기 때문이다. 그렇게 일주일에 서너 번 씩 다른 코스를 선택해서 바위를 탔다.

그러던 어느 날 불암산의 정상인 필봉에 올랐다가 내려오는 길이었다. 그쪽 바위는 단단하고 매끄러운데다, 다른 곳보다 경사가 매우 급해서 조심해야 하는 곳이다. 그런데 조금 내려오는데 발바닥에 브레이크가 걸리지 않았다. 멈출 수는 없는데, 몸에는 가속도가 붙는다. 그러다가 넘어져 결국 몸이 굴러 떨어지고 있었다. 아래로는 수십 미터의 낭떨어지기가 계속된다. 죽음의 순간을 만난 것이다. '아 이렇게 죽는구나!' 생각했다. 달리 살아날 길이 없었다.

그 죽음의 순간에 내 입에서는 비명이 나오지 않았다. 다만 마음 속으로 하나님께 몇 가지 말씀을 드리고 있었다. 나는 그 순간의 하나님과의 대화를, 비록 나 혼자서 일방적으로 하나님께 드린 말씀이지만, 영혼의 기도라고 생각하고 있다.

첫째 기도는 "하나님, 이렇게 부르십니까? 지금 죽으면 하나님 나라로 영접해주세요."이었다. 두 번째 기도는 "은채가 참 어립니다(2살). 하나님께서 책임져주십시오"라는 것이었다. 그리고 세 번째 기도가 이어졌는데 "하나님, 그런데 아직 쓰던 책을 다 끝내지 못했는데 어떻게 하지요?…" 라는 기도였다.

죽음의 순간에 마음의 생각으로 또렷한 대화를 하나님과

나누고 있었다. 그런데 마지막 기도가 채 끝나기도 전에 구르던 몸이 '탁' 멈추었다. 잠시 몽롱해 있다가 정신이 들고 보니 내가 거꾸로 누운 자세로 경사진 바위에 매달려 있었다. 오른발이 아주 좁게 갈라져 있는 바위틈에 콱 박힌 채로 내가 거꾸로 매달려 있었다. 하나님께서 살려주셨던 것이다. 죽음을 연기시켜주신 것이다. 지금도 나의 오른쪽 발목에는 그때 부서진 두 개의 뼈조각이 남아 있다. 하나님의 은총의 상징이기도 하고, 사명을 위한 채찍이기도 하다.

나는 이 사건을 꿈과 사명을 위해서 하나님께서 죽음을 연기해주신 것으로 받아들였다. 좋은 책을 많이 써서, 많은 사람들에게 복음과 꿈을 주는 작가로서의 사명을 다하라는 뜻으로 받아들였다. 그래서 열심히 글을 썼다. 책을 쓰며 학생들에게 복음을 전하며 꿈을 주기 위해서 나름 최선을 다하면서 꿈꾸는 삶을 살고 있다.

그렇게 꿈꾸는 삶을 통해서 의미 있는 성취들이 이루어지고 있음을 확인할 수 있다. 지금까지 성경공부교재, 단행본, 묵상집과 기도집 등 크고 작은 책 45권을 써서 세상에 내놓았다. 우리학교 학생들이 채플을 참 좋아하게도 되었다. 미션스쿨이지만 학생들이 예배에 불만 없이 좋아한다는 것은 참 기적과 같은 일이라고 할 수 있다. 그리고 최근에는 매년 전교생 중에서 최고 20%까지 많은 학생들이 신앙을 고백하고 세례를 받는다. 그렇게 3년 동안에 입학할 때 30~40% 정도 기독교인이었던 학생들이 60~70%까지 하나님을 영접하고 졸업하고 있다. 꿈꾸지 않으면 결코 있을 수 없는 일이 이루어지고 있는 것이다.

글을 쓰고, 학생들에게 열심히 복음을 전하는 것은 나의 존재 이유이다. 하나님께서 생명을 연장해주신 이유이다.

꿈은 자신의 존재이유와 맞닿아 있어야 한다. 자신의 일생을 이끌어줄 꿈이어야 한다. 그런데 많은 사람들은 꿈을 가지고 있지만 상대적인 꿈을 가지고 산다. 꿈을 이루었음에도 또 다른 꿈을 찾아야 하는 유효기간이 있는 꿈을 꾸고 있다.

 ## 김연아의 꿈

피겨스케이팅 선수 김연아는 대한민국의 자랑이고 세계의 요정이다. 7살에 처음 피겨스케이팅을 배우기 시작하면서, 피겨를 꿈꾸는 인생을 살았다. 14살에 국가대표가 되었고, 출전한 대회에서 단 한 번도 메달을 따지 못한 대회가 없었다. 김연아는 데뷔 이후 올림픽 금메달을 딸 때까지 17번의 크고 작은 세계대회에 참가했다. 그랑프리시리즈 및 파이널 12번, 세계선수권 3번, 그리고 4대륙선수권과 올림픽 각각 1번씩이다. 그 결과는 3위 3회, 2위 1회, 우승 13회이다. 김연아는 모든 종류의 메이저대회에서 우승했고, 2009년 3월의 세계선수권, 12월의 그랑프리 파이널, 2010년 2월의 올림픽에서 연속 우승함으로서 피겨의 그랜드슬램까지 달성했다.

김연아의 꿈은 피겨였고, 세계선수권과 올림픽의 금메달이었다. 그녀는 피겨를 통해 세상을 지배했고, 자신의 꿈을 이루었다. 그녀의 꿈은 그냥 이루어지지 않았다. '백년만의 천재'라고 하지만 철저한 자기관리, 엄청난 훈련량, 강인한 정신력이 그녀의 꿈을 이룰 수 있게 해주었다.

 ## 꿈 너머의 꿈을 찾는 사람들

김연아는 분명 꿈을 위해 살았고, 밴쿠버동계올림픽에서 금메달을 땀으로써 꿈을 완성했다. 그런데 꿈을 이루고 나서는 피겨의 꿈이 사라졌다. 피겨를 통해서 이루어야 할 목표가 없어졌다. 그래서 피겨가 힘들어졌다. 피겨가 의미 없는 것이 되었다. 피겨를 해야 할 이유도 없어졌다.

김연아는 올림픽에서 금메달을 딴 이후에 출전한 두 번의 세계선수권대회에서 우승을 하지 못했다. 마지막으로 세계선수권대회에 출전했던 러시아대회에서 준우승을 한 후 인터뷰에서 했던 말에서 그 이유를 발견할 수 있다.

**기자의 질문** "(러시아 세계선수권대회가) 끝나고 나서는 어떤 기분이었나요?"

**연아의 대답** 실수를 하긴 했지만 그냥 끝났다는 게 너무 좋았어요. 사실 밴쿠버 올림픽 이후 좀 (마음이) 힘들었어요. 꿈이 이루어지다 보니 '내가 이걸 왜 해야 해?' 이런 생각이 들었어요. 월드챔피언십 며칠 전까지는 비교적 잘 버텼는데 임박해서는 완전히 의욕을 잃어 말도 하기 싫고 사람도 만나기 싫고 '야 진짜 이러다 우울증에 걸리겠구나' (라는 생각이 들었어요), 정신적으로 많이 힘들었던 것 같아요. 그런 상황에서 어떻든 경기를 끝냈으니까 그렇게 후련할 수가 없더라고요.

기자의 질문 "목표 달성 끝에 허무감을 경험했군요."
연아의 대답 어느 날 갑자기 내가 뭐하나 하는 생각이 들 때가 많았어요. 올림픽 전에는 올림픽만 보고 살았죠. 끝나고 전 정말 쉬고 싶었어요. 그런데 사람들이 자꾸 목표가 뭐냐, 앞으로 선수생활은 어떻게 할 거냐 묻고. 정말 다 접고 쉬고 싶다는 생각뿐이었어요. 제가 원래 멀리 내다보진 않아요. 그런데 요즘은 멀리 봐야겠다 이런 생각이 들더라고요. 어느 날 문득 제 스스로 이런 물음이 왔어요. "사람들이 '넌 어떤 사람이 될래?' 하고 물으면 난 지금 무슨 대답을 할 수 있을까?" 생각해보니 아무런 답을 할 수 없는 거에요. 참 생각 없이 살았구나, 이런 생각이 들더라고요.

올림픽에서 금메달을 땀으로써 김연아는 자신의 꿈을 이루었다. 그러나 더 정확하게 말하자면 김연아는 꿈을 이룬 것이 아니었다. 그녀는 자신이 정해놓은 목표를 이루었던 것이다. 올림픽 금메달은 김연아가 오르고자 했던 목표의

꼭대기였다. 그 정상을 정복하자 더 정복해야 할 대상이 남아 있지 않았다. 이제는 지금까지 해왔던 피겨를 더 해야 할 이유를 모르게 되었다. 정상만 보고 달려왔는데, 막상 정상에 도달하니 할 일을 모르게 된 것이다. 이렇게 되면 훈련도, 대회도, 피겨도 즐겁지 않고 힘들게 느껴지는 것이 당연하다. 피겨를 해야 하는 삶에서는 더 이상 별 의미를 느끼지 못하게 되기 때문이다.

김연아에게 있었던 것은 무엇이고 없었던 것은 무엇일까? 그녀에게는 올림픽 금메달을 딸 때까지의 꿈은 있었지만, 금메달을 따고 난 후의 꿈은 없었다. 그 금메달의 꿈이 그녀에게 존재이유도 주었고, 피겨를 해야 하는 이유, 열심히 연습해야 하는 이유도 되어 주었다. 그러나 그것은 금메달을 딸 때까지만 유효한 한시적인 꿈이었다. 이런 꿈은 진정한 의미에서의 꿈이라고 하기에는 부족하다. 그녀는 그것을 꿈이라고 생각했지만, 엄밀하게 말하면 그것은 꿈이 아니라 목표라고 해야 한다. 연아에게는 이루어야 할 큰 목표는 있었지만, 목표를 이룬 후에 무엇을 하며 어떻게 살아야 하는지에 대한 계획이 없었다. 진짜 꿈이 없었던 것이다. '고도원의 아침편지'의 고도원님은 이것을 '꿈 너머 꿈'이라고 말했다. 김연아는 이제부터 자신의 인생을 정말 의미 있게 하고, 많은 사람들을 꿈꾸게 하는 '꿈 너머에 있는 꿈', '진짜 꿈'을 찾고 있는 것이다.

어떤 목표를 이루었을 때 마음껏 꿈을 펼칠 수 있게 장이 열려야 된다. 어떤 목표의 달성이 꿈을 이루는 하나의 과정과 연결되어야 한다. 그것이 바람직한 목표요, 꿈을 위한 목표이다. 목표를 하나씩 이루어 갈 수록 꿈을 위한 영역이 점점 더 넓어진다. 목표 자체를 위해서 목표를 이루는 것이 아니라, 꿈을 위해서 목표를 이루려고 노력하는 것이다. 꿈을 위한 삶의 과정에서 목표를 이루게 되면 할 일이 더 많아지게 된다. 하나의 성취가 꿈을 실현하기 위한 의미 있는 성취가 되어야 하는 것이다. 이것이 꿈과 목표의 관계이다.

 ## 꿈에 대한 오해, 무엇이 되는 것이 아니라 어떻게 사는 것이 꿈이다

꿈에 대하여 오해를 하는 사람들이 많다. 가장 많은 오해가 자신이 이루려는 목표를 꿈으로 착각을 하는 것이다. 이런 사람은 목표를 이루었을 때 오히려 인생의 위기가 찾아온다. 큰 것을 이루었음에도 인생의 허무를 경험하게 되기 때문이다.

1등을 하는 것, 명문대를 들어가는 것, 판검사가 되는 것, 의사가 되는 것, 국회의원·장차관·대통령이 되는 것, 수 백, 수 천 억원대의 부자가 되는 것을 꿈꾸는 사람들이 있다. 그러나 그것은 이루고 싶은 목표일 뿐이다. 무엇이 되는 것 자체가 인생의 꿈일 수는 없는 것이다. '되는 것'이 꿈이었던 사람은 '된' 후에는 어떻게 살 것인지에 대한 꿈이 없다.

'된' 후의 의미 있는 삶과 성취에 대한 철학이 없다. 이것이 '되는' 사람은 많은데 훌륭한 사람이 적은 이유이다. 판·검사가 된 사람은 많은데 사회정의를 올곧게 추구하며 산 훌륭한 판·검사가 적은 이유이다. 부자가 된 사람은 많은데 가난한 사람들을 위해서 많이 베풀며 산 훌륭한 부자가 적은 이유이다. 고위 관료가 된 사람은 많은데 국가발전을 위해서 크게 공헌한 훌륭한 관료가 적은 이유이다.

무엇이 되기를 꿈꾸는 사람은 스스로에게 '나는 왜 그것이 되어야 하는가?'를 물어보라. 이 '왜(Why)?'라는 질문에 대답할 수 있어야 비로소 꿈이 될 수 있다. 그 대답에 보편타당한 가치를 부여할 수 있을 때 진정한 꿈이라고 할 수 있다.

 네가 판사가 되어야 하는 이유를 말해봐!

백성욱은 어릴 때부터 아버지가 정해 준 법대를 다니다가 중퇴했다. 자신의 적성에 맞지 않아서 포기한 법학공부였는데, 그런 그가 신림동 고시촌에 들어가서 사법고시를 준비했던 일이 있었다. 친구와 한 방을 나누어 쓰면서 열심히 사법고시를 준비했다. 1차 시험은 둘 다 합격했는데, 2차 시험에서 친구는 합격했으나 백성욱은 낙방하고 말았다. 그 친구는 최종합격하였고 결국 판사가 되어 있다. 그런데 사법고시에서 낙방한 백성욱은 30대 젊은 나이에 한국금융개발원의 이사가 되어 은행, 보험, 증권계의 전문가로부터 고교

생에 이르기까지 많은 사람들에게 금융교육을 하는 임원으로 일하고 있다.

백성욱은 2차시험에서 떨어졌다. 그런데 같은 방의 친구는 2차시험에서 합격했다. 백성욱은 자기가 떨어진 것에 대해서 화가 났다. 화를 폭발시키는 백성욱에게 친구가 물었다.

"나는 판사가 되어야 하는 필연적인 이유가 있는데, 네가 판사가 되어야 하는 이유는 무엇이냐?"

그 친구는 어릴 때부터 판사가 되는 꿈을 꾸어왔다. 그에게 판사가 되는 것은 꿈이었다. 그 친구는 어렸을 때 아버지에 대한 억울한 재판 때문에 집안이 망했다. 그 때문에 아버지가 병을 얻었고 결국 돌아가셨다. 그는 그 때 판사가 되겠다는 결심을 했다. 아버지의 복수를 위해서가 아니라, 훌륭한 판사가 되어 아버지처럼 억울한 사람을 만들지 않기 위해서였다. 그는 솔로몬 같은 훌륭한 판결을 통해서 세상을 바르게 하는 사람이 되기 위해서 판사를 꿈꾸었던 것이다.

반면에 백성욱이 사법고시를 준비하게 된 이유는 돈이 전부였다. 가세가 기운 가운데 어머니가 암에 걸렸다. 어머니의 수술을 위해서는 6천만 원이 필요했다. 하루 3시간을 자면서 3가지 아르바이트를 했지만, 한 달만에 손에 쥔 것은 150만원이 전부였다. 그렇게 해서는 6천만 원을 벌어 어머니의 수술을 해드릴 수가 없었다. 그때 누군가로부터 사법고시에 합격만하면 은행에서 수술하고도 남을 만큼의 신용대출을 해준다는 이야기를 듣게 된다. 그것이 이유였다. 백성욱이 사법고시를 공부하는 이유의 전부가 어머니의 수술비였다. 그것은 어머니의 수술비를 마련하겠다는 목표일 뿐 백성욱이 인생을 바쳐서 판사로 살아야 하는 이유는 되지 못했다.

백성욱은 더 이상 화를 내지 않았다. 그는 인정했다. 그 친구는 판사가 되어야 하고, 자신은 판사가 되면 안 된다는 것을 인정했다. 그리고 새롭게 자신의 꿈을 찾았다.

백성욱은 자신이 좋아하는 일, 잘 할 수 있는 일을 찾아서 인생의 방향을 바꾸었다. 그는 고등학교 때 이미 로또복권식 복권을 만들어 돈을 벌었다. 반 아이들 전부에게 500원씩 걷어서 로또복권을 실시하여 1등에게 몰아주고, 자신은 수수료로 몇 십 퍼센트를 챙겨가졌었다. 그만큼 이재에 빠른 사람이었다. 그는 자기가 잘할 수 있는 것, 자지가 좋아하는 일을 하기로 생각을 바꾸었다. 그는 금융인이 되는 꿈을 찾게 되었다. 결국 하버드 MBA를 취득했고, 금융인으로 살고 있다. 자기가 잘하고, 하면서도 즐거운 일인 금융을 통한 금융교육을 담당하고 있다. 백성욱은 그렇게 꿈을 찾았고, 꿈꾸는 삶을 통해서 30대 임원이 되어 신바람 내며 살고 있다.

 ## 목표를 이루면 꿈의 세계가 열린다

모든 사람들이 인생을 관통하는 꿈을 가질 수 있는 것은 아니다. 인생 전체를 통해서 추구할 수 있는 꿈이 아니더라

도 꿈은 꿈이다. 특히 청소년 시절이나 청년 때에 평생 동안 변하지 않을 완벽한 꿈을 기대하는 것도 어려운 일이다.

꿈은 변할 수 있다. 생각이 커 가면서, 가치관이 바뀌면서, 인생관이 바뀌면서 보다 나은 꿈으로 바꿀 수 있다. 카멜레온처럼 상황에 따라서 늘 변하는 것을 꿈이라고 할 수는 없지만, 절대로 변해서는 안 되는 것도 아니다. 혹 나중에 바뀔 수는 있지만, 최대한 긴 안목으로 인생 전체를 생각하면서 꿈을 생각해야 한다.

인생의 목표를 꿈이라고 착각한다고 해서 무의미한 것은 아니다. 목표를 이루게 되면, 그것을 이루기 위해서 투자한 시간과 열정에 대해서 충분한 보상을 받을 수 있기 때문이다. 더욱 중요한 것은 큰 목표를 이루면, 그때부터 다양한 것을 꿈꿀 수 있게 된다는 것이다. 그제서야 새로운 꿈을 갖게 된다고 해도 꿈을 위해서 활동할 수 있는 넓은 세계가 열리게 된다. 목표를 이루는 과정에서 갖게 된 능력, 인간관계, 사회적 위치, 명예, 영향력, 자신의 이름과 존재가 갖게 된 가치를 꿈을 위해서 활용할 수 있게 된다. 그렇게 되면 늦게 시작했지만 일찍 시작한 것 못지않은 꿈의 성취를 얻을 수 있게 된다.

김연아의 경우가 좋은 예가 된다. 그녀는 피겨스케이팅으로 세계선수권 우승과 올림픽 금메달을 따는 것을 꿈으로 알고 최선을 다하는 인생을 살았다. 한눈팔지 않았고 자신을 채찍질 하며 목표를 위해서 달려왔다. 그리고 그 꿈을 이루었다. 비록 그녀는 꿈을 이루고 나서 피겨의 의미에 대해서 회의하게 되었지만, 그 성취가 무의미하게 되는 것은 아니다. 그 성취를 통해서 그녀의 존재와 이름은 무한한 가치를 가지게 되었다. 그 과정에서 능력, 기회, 인간관계, 명예, 인기를 얻으며 세계적인 명사가 되었다. 그녀의 이름만으로도, 그녀의 얼굴만으로도 할 수 있는 것들이 너무 많다. 이제부터 무언가를 꿈꾸어도 남들보다 더 큰 꿈들을 위해서 일할 수 있고 이룰 수 있는 준비가 된 것이다.

'김연아'라는 이름은 평창동계올림픽 유치 활동에서 엄청난 힘을 발휘했다. 그녀의 능력, 인간관계, 명예와 인기, 그녀에 대한 기대와 신뢰가 대통령이나 대기업 회장들이나 IOC위원에 못지않은 영향력을 가졌던 것이다. 그녀는 이제 스포츠 외교가를 꿈꾸어도 세계적인 활동을 할 수 있게 될 것이다. 혹 그녀가 세계의 빈곤 아동들을 돕는 일을 꿈꾼다고 해도 누구보다 큰 영향력을 발휘할 수 있게 될 것이다. 그녀가 꿈꿀 수 있는 분야는 무궁무진해졌다. 그리고 어떤 꿈을 꾸어도 많은 것을 이룰 수 있는 바탕이 마련되어 있다.

목표를 추구하는 것도 그렇게 중요한 것이다. 참된 꿈을 아직 가질 수 없는 사람이라면 이루고 싶은 목표를 정하라. 그리고 목표를 이루어가는 과정에서, 또는 목표를 이루고 난 후에 자신이 할 수 있는 의미 있는 일을 꿈꾸도록 하자.

꿈을 꾸며 살다

活,
꿈에 살어리랏다!

# 01 꿈은 현재형이다!
## 지금, 곧, 바로 꿈꾸기 시작하라.

 꿈꾸는 사람에게는 미래의 계획보다 지금의 실천이 필요하다

꿈의 사람에게 정말 필요한 것은 계획이 아니라 실천이다. 계획을 완벽하게 세우고 언제부터 꿈꾸는 삶을 살겠다고 생각하는 사람은 꿈꾸는 삶을 살 수 없다. 바로 지금부터 꿈꾸는 삶을 살기 시작해야 꿈의 사람이 될 수 있다.

"무엇을 어떻게 꿈꾸며 살란 말인가?"라고 반문할 수 있다. 아직 구체적인 꿈을 갖지 못한 사람이라면 그 질문을 이렇게 바꾸어 보자.

"지금 내가 해야 할 일이 무엇인가?"

"지금 내가 할 수 있는 일이 무엇인가?"

누구든지 지금 해야 하는 일이 있다. 또한 할 수 있는 일이 있다. 바로 그것부터 시작하는 것이 꿈꾸는 삶의 출발점이 된다.

"첫 걸음을 떼지 않은 사람은 아무 곳에도 갈 수가 없다."

아무것도 시작하지 않으면 꿈꿀 수 있는 기회조차 놓치게 된다. 그러므로 아주 단순하게 지금 자신에게 주어진 일, 자신이 해야만 하는 일이 무엇인지를 생각하고, 정성스럽게 그 일을 해나가라. 어떤 사람은 정말로 해야 할 일을 찾지 못하겠거든 자기 방 청소라도 하라고 말했다. 그러고도 할 일이 없다면 길거리에 나가서 휴지라도 주우라고 한다. '시작이 반'이라는 격언이 말해주는 것은 바로 지금 실천하는 것의 중요성이지, 시작부터 반을 기대하라는 것이 아니다.

꿈꾸는 삶을 위해서 준비가 필요 없는 것은 아니다. 준비하는 것이 문제가 되는 것이 아니다. 준비가 될 때까지 꿈꾸는 삶을 미루는 것이 문제다. 계획을 철저히 세우고, 준비를 다 갖춘 후에 꿈을 위한 삶을 시작하려는 것이 문제가 된다. 지금 꿈의 삶을 살면서 꿈을 위한 계획을 더 구체화시키면 된다.

## 지금 내가 해야 할 일을 하는 것이 꿈을 실천하는 삶이다

히말라야 정상 등반을 꿈꾸는 산악인의 꿈은 완벽한 준비를 갖추고 배낭을 멘 후에야 꿈을 위한 실천이 시작되는 것이 아니다. 체력을 기르고, 작고 큰 산들을 오르면서 등산 훈련을 하고, 히말라야 산에 대해서 공부하고, 필요한 자금을 마련하는 모든 과정이 꿈을 위한 실천이다. 그렇게 오랜 기간을 준비하고, 마지막으로 필요한 장비와 식량을 준비하고, 배낭을 메고 출발함으로써 히말라야에 대한 본격적인 꿈을 실천할 수 있게 되는 것이다.

내 꿈을 위해서 매일 매순간 '지금 내가 해야 할 일이 무엇인가?' '지금 내가 할 수 있는 것이 무엇인가?' 를 찾아 성실하게 그 일을 하다 보면 어느새 꿈이 싹트고 자라고 있는 모습을 확인할 수 있게 된다. 꿈의 성취는 지금 현재의 구체적인 생활에 뿌리를 두고 있음을 기억하는 것이 중요하다.

당신의 인생에서 가장 중요한 때는 언제인가? 당신의 인생에서 가장 중요한 순간은 과거에 있지 않다. 과거에 아무리 커다란 성공을 맛본 순간이 있었다고 해도 그것은 이미 과거의 일이다. 당신의 인생에서 가장 중요한 순간은 미래의 어느 때도 아니다. 바로 '지금' 이 가장 중요한 순간이다. '지금' 을 놓친다는 것은 인생의 가장 중요한 순간을 놓치는 것이다.

같은 맥락에서 인생에서 가장 중요한 일은 지금 자신이 하고 있는 일이다. 지금 해야 할 일들을 하지 않는 생활로는 꿈을 자라게 할 수 없다. 지금 내가 하는 일들을 통해서 나의 꿈이 자란다. 우리는 그렇게 꿈을 키우는 생활을 해야 한다.

 ## 작가 노희경, 매일 아침 자기 뺨을 때리는 여자

노희경은 방송 드라마 작가다. 1995년 첫 작품이 방송을 탄 이후로 20여 년 동안 수십 편의 인기 드라마의 극본을 썼

다. 노 작가는 백상예술대상 극본상, 방송위원회 좋은 프로
그램상, KBS 작가상, KBS 연기대상 작가상 등을 받은 정
상의 방송작가다. 가장 성공한 방송작가인 것은 그녀가 드
라마 1회당 대본비를 가장 많이 받는 작가라는 것으로도 증
명되고 있다. 그녀는 어떻게 그렇게 성공한 방송작가가 될
수 있었을까? 예비 방송작가들의 모임에서 특강을 했던 노
작가는 질문을 받았다.

"어떻게 하면 당신처럼 작가로 성공할 수 있는가?"

이 질문에 노희경은 자신의 성공은 재능의 산물이 아니라
노력의 산물이라고 말하면서 성공의 비결을 단순명료하게
대답했다.

"무조건 열심히 쓰는 사람은 못 당한다." 라고.

노희경은 출판사를 다니면서 직장생활을 했다. 그러나 그
런 생활로는 자신의 꿈인 방송작가가 될 수 없다고 생각했
다. 그녀는 꿈을 위해서 직장을 그만두고 집에 틀어박혀서
작품을 쓰기 시작했다. 이렇게 습작을 시작한 그녀는 하나
의 원칙을 정했다. '1년 동안 하루도 빼놓지 않고 글을 쓴
다' 는 것이다. 5분이든 10시간이든 상관이 없이 매일 글을
쓰겠다고 자신에게 약속했다. 그렇게 매일 글을 쓰던 습작
기간 동안에 그는 남들보다 더 많은 대본을 썼다. 하도 자주
대본을 가져가자 그녀를 가르치던 선생님이 "이제 그만 가
져오라"며 말릴 정도였다.

어느 한 날은 글쓰기가 정말 싫었다. 그래서 그날은 한 줄

의 글도 쓰지 않고 하루 종일 빈둥거리며 보냈다. 그 때 함께 살면서 직장에 다니던 동생이 퇴근하면서 먹을 것을 사 가지고 돌아왔다. 동생은 그날도 언니가 열심히 글을 쓴 줄 알고 "글 쓰느라고 고생이 많다"면서 사온 음식을 내놓으며 언니를 격려해 주었다. 노희경은 그 격려가 비수처럼 자신의 양심을 찔렀다고 회상했다.

노희경은 '내가 한 말을 지키지도 못하면서 무슨 글을 쓰겠나?' 라는 생각이 들었다. 그녀는 거울 앞에 앉아서 자신을 바라보다가 자신의 손으로 자신의 뺨을 세차게 때렸다. 스스로를 책벌하여 자신의 마음과 생활을 다잡기 위해서였다.

그날 이후로 노희경은 매일 아침 거울 앞에 앉아서 자신의 뺨을 때리는 것으로 하루를 시작했다. 그렇게 수 년 동안 열심히 글쓰기를 한 결과 결국 방송 작가로 데뷔할 수 있었다.

물론 노희경은 더 이상 자신의 뺨을 때리지는 않는다. 더이상 뺨을 때릴 필요가 없을 정도로 글쓰기가 매일의 일상이 되었기 때문이다.

 ## 꿈은 생활에 뿌리를 내린다

허황된 사람은 꿈꾸는 삶을 살 수 없다. 자신이 처한 현재의 구체적인 생활에 성실한 사람이 꿈을 이루어 나갈 수 있

다. 꿈은 생활에 뿌리를 내리고 자라기 때문이다. 꿈은 자신이 현재 해야 하는 일들을 성실하게 감당하는 것을 통해서 자리를 잡고 뿌리를 내리고 싹을 틔운다. 매일 매일 자신이 해야 할 일들을 성실하게 하면서 꿈을 키워가는 생활이 꿈을 이루는 비결이다. 매 순간 자신이 만나게 되는 '해야 할 모든 일들' 을 최대한 정성껏 돌보다 보면 어느새 자신의 꿈이 성취되어 가는 것을 보게 된다.

# 02 매일 매일이 꿈을 위한 날이다

### 꿈을 위한 삶은 죽기 전에 꼭 했어야 하는 일을 하며 산다

    게으른 사람들의 공통점은 시간이 많다고 생각하는 것이다. 이런 사람들은 시간을 함부로 사용하게 되는데, 시간을 허비하는 것은 자신의 생명을 갉아먹는 행동이다. 시간은 한 번 사용하면 다시 사용할 수 없는 일회용이다.

    다른 사람의 시간을 내가 사용하기 위해서는 비용을 지불해야 한다. 일당제 근로자이건 월급제 회사원이건 다른 사람의 시간을 사용하기 위해서는 그 사람의 능력에 걸맞는 비용을 주어야 한다. 어떤 사람의 시간을 사용하는 것은 그 시간만큼의 생명을 사는 것이기 때문이다.

    자신의 시간을 사용하는 것도 마찬가지이다. 한 시간을 낭비하면 한 시간만큼의 능력과 생명을 허비하는 것이다. 하루를 놀아버리면 하루만큼의 능력과 생명을 땅에 묻어두는 것과 같은 것이다. 바로 이것이 시간을 생산적으로 사용해야 하는 이유가 된다. 사람들이 '시간은 금', 'Time is

Gold.' 라고 말하는 이유이기도 하다.

 ## 도스토예프스키의 시간, 인생의 마지막 5분 같이 산 시간들

세계적인 문학가인 러시아의 도스토예프스키는 스물여섯의 젊은 나이에 정치범으로 사형 선고를 받았다. 사회주의를 연구하며 농노제와 전제정치를 비판하던 사회주의자들에 대해서 황제 니콜라이1세가 본보기로 처형하도록 했는데, 도스토예프스키도 여기에 연관되어 있었다.

도스토예프스키와 그의 동료들의 사형집행일이 되었다. 8개 조로 나뉘어 3명 씩 총살을 당하고 있었다. 도스토예프스키는 3번째 조 2번째 사형수였다. 앞의 사형수들이 차례로 죽어갔다. 이제 도스토예프스키가 속한 조의 차례가 되었다. 사형대에 묶인 그에게 마지막 5분이 주어졌다. 5분 후에는 죽게 될 것이다. 이제 그에게 남은 시간은 단지 5분뿐이었다. 그는 그 귀중한 5분을 어떻게 쓸 것인지를 생각했다. 그리고 결정했다. 처음 2분은 사람들에게 최후의 인사를 하는 데 사용한다. 다음 2분은 자신의 인생을 돌아보며 인생을 정리하는 데 사용한다. 마지막 1분은 자연을 감상하고 망막에 세상의 모습을 담고 천국에 가리라고 생각했다.

도스토예프스키는 생각한대로 처음 2분을 동료들과 자신이 사랑하던 사람들에게 최후의 인사말을 남겼다. 이제 2분

동안 인생을 정리해야 할 시간이 다가 왔다. 그런데 인생을 정리하려는데 자신의 인생을 정리할 수가 없었다. 너무 후회스러운 일들이 많았고, 할 수 있었던 일, 해야만 했던 일들을 하지 못한 것들이 너무 많았기 때문이다.

"나는 왜 이렇게 헛되이 인생을 살았을까?"

26년간의 삶에 대한 후회가 그의 가슴을 때렸다.

"다시 한 번 산다면 정말 열심히 잘 살 수 있을 텐데……."

그렇게 시간은 흘러서 5분이 다 지나갔다. '찰칵' 하고 자기의 심장을 겨냥한 총의 노리쇠를 당기는 소리가 들려왔다.

"이렇게 죽는구나!"

바로 그 순간, 정말 극적으로 황제의 특사가 사면령을 가지고 도착했다. 도스토예프스키는 영화 같이 목숨을 건질 수 있었다. 그는 4년간 더 시베리아의 옴스크 감옥에서 생활하다가 풀려났다. 이제 다시 많은 시간이 그에게 주어졌다. 그러나 그는 인생의 모든 시간을 사형직전에 주어졌던 그 5분처럼 귀하게 생각하며 살겠다고 다짐했다. 다시는 후회하지 않는 삶을 살기 위해서 순간순간을 치열하게 작품을 쓰면서 살았다. 그 결과 『죄와 벌』『카라마조프가의 형제들』『백치』『악령』『미성년』『죽음의 집 기록』『학대받은 사람들』『작가의 일기』등 수많은 작품들과 불후의 명작을 남기며 세계적인 위대한 소설가가 되었다.

 ## 꿈을 위해 주어지는 시간들

하나님이 우리에게 시간을 주시는 이유는 무엇일까? 하나님은 우리에게 꿈을 위해 사용하라고 시간을 주신다. 낭비해도 좋은 그런 시간을 주시는 것은 아니다. 열심히 노력하는 것은 물론이고 노는 시간, 쉬는 시간까지도 꿈을 위한 시간일 수 있다. 내 시간이니까 내 마음대로 써도 되는 시간이라고 생각하는 사람이 있다. 이런 사람은 내 인생이니까 내 멋대로 살아도 된다고 생각하는 사람과 같다.

예수님의 비유 중에 악한 청지기에 대한 이야기가 있다. 주인이 집과 살림을 청지기에게 맡기고 오랜 여행에서 돌아왔다. 그동안 청지기는 제 살림인 것처럼 살림을 축냈고, 다른 종들을 못살게 굴었다. 청지기가 예측하지 못하는 때에 돌아온 주인은 악한 청지기를 징벌했다.

모든 사람은 시간의 청지기이다. 하나님께서 맡겨주신 시간 속에서, 하나님께서 허락하신 인생을 사는 것이다. 하나님의 시간을 사용하는 것처럼 소중하고 의미 있게 사용해야 한다. 도스토예프스키가 인생의 마지막 5분을 사는 마음으로 성실하게 작가의 꿈을 꾸며 살듯이 산다면 누구라도 꿈을 이루는 삶을 살 수 있다.

# 03 꿈을 꾸는 사람에게는
## 새로운 체질이 필요하다

 꿈을 갖게 되어 꿈꾸는 사람으로 살기 시작했다면 꿈을 갖기 이전의 의식과 습관을 완전히 벗어버릴 수 있어야 한다. 꿈꾸는 사람에게 합당한 체질을 가져야 꿈꾸는 사람으로 살아갈 수 있다. 이전의 의식과 습관을 벗어버리지 못하면, 꿈도 없이 제멋대로 살던 삶으로 돌아가려는 경향이 생긴다. 이것을 신데렐라 콤플렉스라고 한다.

꿈을 이룬 사람도 마찬가지이다. 꿈을 이루는 것보다 더 중요한 것은 꿈을 이룬 후에 더 행복하게 사는 것이다. 꿈을 이룸으로써 더 의미 있고 풍요로운 인생을 살 수 있어야 한다. 꿈을 이룬 삶이 몸에 맞지 않는 옷처럼 불편하게 느껴지면 어느 순간 자기도 모르게 꿈이 없던 시절로 돌아가게 된다. 그러면 꿈도 함께 사라진다.

## 신데렐라 콤플렉스

〈신데렐라〉는 프랑스의 동화작가 C. 페로의 《거위 아주머니 이야기》(1697)에 있는 《상드리용 : Cendrillon》을 영어로 번역한 것이다. '상드리용'은 '재를 뒤집어쓰다'라는 뜻이다. '신데렐라'라는 이름은 항상 부엌 아궁이 앞에 앉아 일을 해서 재를 뒤집어쓰고 있는 아이라고 해서 붙게 된 이름이다.

신데렐라는 어머니가 돌아가신 후에, 새로 들어온 계모 밑에서 온갖 학대를 당하며 산다. 힘든 집안일을 도맡아 하며 고생을 하다가 요정의 요술과 유리구두 덕분에 왕자와 결혼을 하는 행운의 주인공이 된다.

왕자와 결혼한 신데렐라는 이제 왕궁에서 살게 되었다. 이전의 멸시 천대를 벗어나서 사랑과 존경을 받으면서 살게 되었다. 가난을 벗어버리고 풍요로운 생활을 얻었다. 불행한 생활에서 행복한 생활로 옮겨간 것이다. 그렇다면 신데렐라는 이후로 계속해서 행복하게 살 수 있었을까?

정신치료영역에서는 왕궁에서 생활하게 된 신데렐라와 결부시켜 '신데렐라 콤플렉스'라는 용어를 사용한다. 그것은 왕자비가 되어서 왕궁에서 생활하게 된 신데렐라가 때때로 예전의 생활을 그리워한다는 것이다.

왕자비가 된 신데렐라는 이제 왕궁에서 좋은 옷을 입고, 온갖 보석으로 치장하고, 좋은 음식을 먹고, 푹신한 침대에서 잠을 잔다. 시녀들이 세수를 시켜주고, 목욕도 시켜준다. 옷을 입혀주고, 화장도 해준다. 진수성찬의 밥상을 보아주고, 잠자리도 봐준다. 이제 마음 놓고 편안하게 지내기만 하면 된다. 왕자비로서 왕궁의 생활을 누리면 된다. 그런데 이상하게 몸도 마음도 편하지 않을 때가 있다. 때로는 옛날에 먹던 뻣뻣한 빵을 먹고 싶어진다. 허리를 졸라맨 옷이 불편해지기도 한다. 옛날의 허름하지만 편한 옷을 입고 싶고, 너덜너덜한 신발을 신고 싶어질 때가 있다. 부엌 아궁이 앞에서 불을 피우다가 재를 뒤집어 쓰고 쪼그리고 앉아서 잠들고 싶어지기도 한다. 그래서 가끔씩은 왕궁을 빠져나와서 옛 집을 찾아간다. 예전에 입던 누더기를 입고, 뻣뻣한 빵을 먹고, 아궁이 앞에서 쪼그리고 잠을 잔다.

신데렐라는 왜 편안하고 풍성한 왕궁에 있으면서 고생스럽고 초라하고 불편한 옛날 생활을 그리워하게 되는 것일까? 그 이유는 신데렐라의 의식과 생활습관이 높아진 신분에 맞도록 체질화 되지 않았기 때문이다. 왕궁의 생활이 몸에 배지 않았기 때문이다. 신데렐라의 몸은 왕궁에 와 있고 신분은 왕자비가 되어 있지만, 그의 정신세계와 몸의 습관은 아직 그렇게 변화되지 못했기 때문이다. 신데렐라가 옛날의 자기를 벗어버리지 못했기 때문이다. 왕자비가 된 신데렐라는 모든 면에서 왕자비의 그것으로 새롭게 체질화 되어야 한다. 그렇지 못하면 왕궁에 살면서도 옛날의 비천한 시절을 그리워하는 병적인 생활에서 벗어나지 못한다. 왕궁의 생활을 누리지 못하고 우울증에 시달리게 된다.

새롭게 꿈을 가지고 살게 된 사람은 과거의 정신세계와 습관에서 벗어나 새로운 꿈꾸는 삶에 완전히 적응해야 한다. 그렇지 못하면 신데렐라콤플렉스에 걸리게 된다. 그렇게 되면 꿈꾸는 삶에서 행복을 느낄 수가 없다. 꿈을 위한 삶이 불편해진다. 꿈이 없던 시절로 돌아가고 싶은 충동을 느끼게 된다. 꿈꾸는 사람으로 살기 위해서는 꿈꾸기 이전의 자신을 벗어버려야 한다. 꿈꾸는 사람에게 필요한 것들을 체질화시켜야 한다.

 ## 노예 시절을 동경했던 사람들

가나안땅으로 가게 된 이스라엘 백성들은 꿈꾸는 삶으로 들어선 것이다. 그들은 하나님께서 아브라함에게 약속한 가나안땅에서 살게 되는 것을 꿈꿔왔다. 출애굽하여 가나안땅을 향하게 됨으로써 이제 정말로 꿈꾸는 백성이 된 것이다. 그런데 그런 이스라엘 사람들이 때때로 이집트로 돌아가고 싶어했다. 이집트에서의 생활을 동경했다. 이집트에서의 생활이 어떠하였기에 돌아가고 싶어했을까?

이스라엘 백성들은 이집트에서 정말 고통스러운 생활을 했다. 그들의 신분은 노예였다. 매일 건설현장에 내몰려 힘들게 노동을 해야 했다. 아들을 낳으면 나일강에 가져다 던져 버려야만 했다. 생존에 필요한 최소한의 양식만 제공될 뿐이었다. 그런데도 그들은 왜 이집트에서의 생활을 동경했을까?

가나안땅으로 가는 길이 힘들었기 때문이다. 꿈을 위한 여정이 힘들었기 때문이다. 가나안땅에 들어가기 전에 주어진 광야생활이 싫었기 때문이다. 새로운 땅, 새로운 질서가 있는 가나안땅에 합당한 하나님의 백성으로 체질을 바꾸는 과정이 불편했기 때문이다. 가나안을 꿈꾸는 백성이 되어야 광야생활을 이겨낼 수 있다. 가나안으로 가는 이스라엘 백성들에게는 광야생활의 어려움을 이겨낼 수 있는 강력한 꿈이 필요했던 것이다.

이집트에서 나와서 가나안에서의 삶을 꿈꾸던 그 많은 사람들 중에서, 20세 이상의 사람으로서는 여호수아와 갈렙 두 사람만이 가나안에 들어갈 수 있었다. 이 두 사람만이 가나안에서의 새로운 삶에 적합한 사람으로 체질을 바꾸었기 때문이다.

당신이 아름다운 미래, 당신의 가나안을 꿈꾸기 위해서는 강력한 꿈을 가져야 한다. 꿈을 이루어가는 과정에서 만나게 되는 어려움을 능히 극복할 수 있을만큼 강한 꿈이어야 한다. 꿈이 이루어진 미래의 삶에 적합하도록 당신의 체질을 바꾸어야 한다는 것도 기억하라.

# 04 꿈을 위한 준비도 꿈꾸는 삶이다

꿈을 가지게 되었으면 꿈을 이루기 위해 준비를 해야 한다. 마음의 준비, 정신적인 준비, 그리고 실제적인 준비도 필요하다. 더 알아야 할 것들에 대한 공부, 꼭 필요한 능력과 실력 갖추기, 내가 가고자 하는 비전의 삶을 먼저 갔던 사람들의 경험과 지혜에 대한 탐구, 협력자 찾기 등 준비할 것이 많다.

꿈꾸는 삶은 꿈을 위한 준비로 시작된다. 꿈을 위해 준비하는 과정 자체도 꿈꾸는 삶의 일부이다. 지금 당신이 꿈을 위해서 무엇인가 준비하기 시작했다면 당신의 꿈꾸는 삶은 이미 시작된 것이다.

## 이병욱, 열심히 공부하는 것으로 꿈을 준비하다

이병욱은 어렸을 때에 집안이 몹시 어려웠다. 그의 집안에서 가장 출세한 사람은 대학 교수가 된 삼촌이었다. 그런데 그 삼촌이 대장암에 걸렸다. 그 삼촌은 의사가 되고 싶었지만 조금이라도 일찍 가장 역할을 하기위해서 진로를 바꾸었다. 그 삼촌이 고통스럽게 죽어가면서 조카에게 너는 커서 의사가 되라고 부탁했다. 병욱은 그때 삼촌에게 꼭 의사가 되겠다는 약속을 했고, 의사가 되는 꿈을 갖게 되었다.

의사가 되는 꿈은 그냥 이루어지지 않는다. 한국에서 의사가 되기 위해서는 복잡한 과정을 거쳐야 한다. 먼저 의과대학을 들어가서 예과 2년 본과 4년을 공부하고, 국가의사면허시험에 합격하면 의사면허증을 받게 된다. 그러나 아직 '일반의'이다. 전문의가 되려면, 일정 규모 이상의 대형 병원에서, 1년 과정의 인턴과 4년 과정의 레지던트 과정을 거쳐야 한다. 인턴과 레지던트는 수련의이기는 하지만, 병원에 취업한 의사로 월급을 받으면서 배우기도 하는 과정이다. 인턴과정에서는 내과 외과 정형외과 부인과 피부과 등 모든 분야를 섭렵한다. 그 후에 전문분야를 선택해서 레지던트 과정을 밟게 되는데, 이 과정이 힘들고 혹독하기로 유명하다. 이때 자기 전문분야를 집중적으로 진료하는 동시에 연구와 수련을 한 후에 전문의 면허시험을 보고 합격하면 드디어 전문의가 된다.

의사가 되는 꿈을 이루기 위해서는 우선 의대를 들어가야 하는데, 우리나라에서 의대를 들어가려면 공부를 무척 잘해야 하고 대입수능성적이 최상위권이 되어야 한다. 그래서 의사가 되겠다는 꿈을 가진 이병욱은 열심히 공부했다. 열심히 공부하는 것으로 그는 이미 꿈꾸는 삶을 시작한 것이다. 그렇게 열심히 준비를 해서 중, 고등학교를 마친 후에는 고신대 의대에 진학할 수 있었다.

이병욱은 의대 6년 과정을 마쳤고, 의사가 되는 국가고시도 합격했다. 그러나 선망의 자리인 모교 대학병원의 인턴으로 선발되지 못했다. 다른 큰 병원에서도 인턴 자리를 구하지 못했다. 이병욱이 의대를 졸업하기만 하면 가정 형편이 금방 필 것으로 생각하고 있는 집안 사람들을 보기가 민망했다. 그는 하는 수 없이 중소병원을 돌아다니면서 일자리를 구해야 했다. 병원장들을 만나고 거절당하기를 여러 차례 반복했다. 한 달 반 만에야 가까스로 작은 병원에 임시직 일자리를 얻을 수 있었다. 새벽과 저녁으로 두 개의 병원에서 당직 근무도 했다. 마음 서럽고 몸 피곤한 생활이었다. 그렇게 1년을 보낸 후 다음 해에 500병상 규모의 대동병원에 인턴으로 일하게 되었다.

일년간 인턴으로 있으면서 수련의 과정을 마칠 때는 모든 과(科)에서 좋은 성적을 받아 1등을 할 수 있었다. 일년동안 여러 병원에서 여러 과를 진료했던 경험으로 준비된 인턴이 될 수 있었던 것이다. 하나님을 원망하기도 했던 그 어려운 시기가 더 좋은 미래를 위한 준비 기간이었던 것을 깨달았다.

더 소중한 것은 그 어려웠던 시절에 그가 또 다른 꿈을 갖게 된 것이다. 그는 이 기간에 고신대 교목실의 요청으로 필리핀 단기선교 의료팀의 일원으로 참가하게 되었다. 의술과 치료약이 없어 작은 병을 큰 병으로 키워 고통 속에 사는 가난한 사람들을 보면서, 10년 동안 매년 한번 씩 필리핀에서 의료선교를 하겠다고 하나님과 약속했던 것이다.

인턴을 마치게 되자 대동병원의 외과부장 선생님이 외과 레지던트에 지원해 줄 것을 강력하게 요청해왔다. 그는 몇 번이나 거절했다. 더 인기 있고 편하고 수입도 많은 과로 얼마든지 갈 수 있었기 때문이다. 그러자 외과부장 선생님은 서울대병원 외과 파견, 미국과 일본 연수, 전문의가 되자마자 병원의 과장자리 보장이라는 좋은 조건을 제시해왔다. 그는 자신의 신앙과 꿈을 조건으로 내걸었다. 매주일 교회에 출석할 수 있게 해줄 것, 일 년에 9박 10일의 의료선교를 다녀올 수 있도록 해줄 것, 입국식(의사가 되었을 때 치르는 의식으로 술을 많이 마신다고 함) 때 술을 마시지 않도록 해줄 것이 조건이었다. 그 조건들이 모두 받아들여졌기에 그는 외과 레지던트에 지원했다. 그렇게 선택한 외과전문의의 길은 의료봉사와 복음전도를 위한 최선의 준비가 되었다.

그는 필리핀 단기 선교 10년의 약속을 지켰다. 의술을 복음 전도의 수단으로 활용한다는 것은 매우 복된 일임을 체험했다. 그는 국내 병원에서도 수술하기 전에 꼭 환자들에게 기도를 해주었다. 자신에게 치료받는 모든 환자들에게 복음을 전하는 의사로 '의사 전도왕' 이라는 별명을 가지게 되었다.

그는 암 수술만 3,000회를 넘었지만 재수술률 최소로 이 분야 세계 최고의 권위자가 되었다. 이렇게 되자 부산 고신대 의과대학 고신의료원은 그를 일반외과 교수로 초빙하였다. 인턴 자리조차 주지 않았던 모교로부터 교수로 초빙을 받은 것이다. 그곳에서 의학교육학교실 주임교수를 거쳐, 포천중문의과대학 외과교수 및 대체의학대학원 교학부장이자 암 대체요법 클리닉 책임교수, 차병원 암대체의학센터 소장으로 일하면서 자신의 꿈을 실천하고 있다.

##  학창시절, 열심히 공부하는 것만으로도 꿈을 위한 준비가 된다

학생들 중에는 아직 구체적인 꿈을 갖지 못한 학생들이 많다. 꿈이 없는 학생들은 대체로 자발적으로 공부하지 않는다. 당연히 열심히 공부하지 못한다. 열심히 공부하는 학생, 그것도 스스로 알아서 공부하는 학생은 꿈이 있는 학생이다. 실력(또는 성적)이 꿈을 이루어주는 디딤돌이 된다는 것을 알기 때문이다.

학창시절에 꿈이 분명하지 않을 수도 있다. 나이가 들면서, 시행착오를 겪으면서 꿈이 분명해진다. 그런데 실력이 없으면(학창시절의 성적이 좋지 않으면) 꿈꿀 수 있는 꿈이 제한된다. 정상급의 실력을 갖추고 있으면(또는 최상위 성적표를 받아놓는 것만으로도) 꿈꿀 수 있는 세계가 넓게 열린다. 열심히 공부하는 것은, 아직 꿈이 분명하지 않아도, 꿈을 위한 준비가 된다는 것을 아는 학생이 얼마나 될까?

 모세의 꿈 이야기

　　모세는 히브리인이었지만 이집트의 왕자로 자라났다. 별 문제만 없으면 당시 세계의 최강국이면서 최부국이었던 이집트제국에서 영화를 누리며 살 수 있었다. 그런 모세가 히브리인 노예를 위해서 이집트인 감독을 때려서 죽이고 암매장했다. 다음 날은 히브리인들 끼리 싸우는 모습을 보고는 동족 끼리 싸운다고 나무랐다. 그 중 한 사람이 어제 모세가 이집트인을 죽이는 모습을 보았다고 폭로해버렸다. 모세는 도망자 신세가 되었다.

　　모세는 왜 히브리인을 위해 나섰을까? 그것은 모세의 꿈 때문이었다. 모세는 이집트의 왕자로 성장했지만, 하나님의 선택된 민족인 이스라엘 백성이라는 자각을 하고 있었다. 그리고 이스라엘의 해방을 위한 꿈을 가지고 있었다. 그 꿈이 이스라엘 동족을 학대하는 이집트인 감독에게 폭발하도록 만들었다. 그 꿈이 동족끼리 싸우는 이스라엘 사람을 나무라게 했다. 모세는 꿈을 위해 행동을 했지만, 꿈을 위해 뭔가를 할 수 있게 해줄 것 같았던 이집트 왕자라는 지위를 잃고 도망자의 삶을 살게 되었다. 아직 꿈을 위한 준비가 제대로 되지 않은 상태에서 행동한 부작용이라고 할 수 있다.

　　도망 나온 모세는 미디안 광야의 우물가에서 십보라를 만났다. 미디안의 제사장이었던 그녀의 아버지 이드로는 모세를 사위로 맞아들였다. 모세는 그렇게 미디안 광야에 정착

하게 되었고, 양을 치면서 40년을 지냈다. 모세는 옛날의 꿈을 잊고 살았다. 꿈을 위해 도움을 줄 것 같던 왕자의 지위도 없었고, 동족의 배신에 대한 경험은 그들을 위해서 헌신할 생각을 포기하게 했다.

광야 40년의 양치기 생활은 모세에게 어떤 의미가 되었을까? 하나님께서 모세를 불러 이스라엘 해방자로 세운 후에 그 진가가 발휘된다. 양들의 목자 경험이 이스라엘 백성의 지도자로서의 자질을 길러주었다. 무엇보다도 쉽게 분노하고 폭발하던 모세의 성격이 세상에서 가장 온유한 사람으로 바뀌었다. 고난의 시절이 꿈을 위한 훈련과 준비가 된 것이다. 그렇게 준비된 사람으로 이스라엘 해방을 위해 나섬으로써 역사상 가장 위대한 지도자가 되었다. 이스라엘 해방의 꿈을 이루었다.

준비된 사람이 꿈을 위해 행동할 때에 위대한 일을 이루어내게 된다. 당신도 꿈을 위해 준비해야 한다. 꿈꾸기가 어려운 상황에 처한 사람은 그 기간이 꿈을 위한 준비가 되도록 성실하게 최선을 다해 살아야 한다.

# 05 꿈의 이름으로 청구하라

사람들은 태어나면서부터 기본적인 권리를 갖는다. 그래서 부모에게, 국가에게, 사회에게 기본적인 것들을 요구한다.

갓 태어난 아기는 엄마에게 젖을 청구한다. 목청이 떨어질듯 우는 것으로 젖을 청구한다. 아기는 자라면서 독립할 때까지 필요한 모든 것을 청구한다. 양식, 옷, 학비, 용돈까지 모든 것을 '당연하게' 요구 한다. 그리고 부모는 아이들의 그 모든 청구를 기꺼운 마음으로 받아들인다.

부모와 자식은 왜 그렇게 당연하게 청구하고, 당연하게 베풀어주는 것일까? 그것은 자녀의 그 요구에는 '잘 자라겠다'는 꿈이 담겨져 있기 때문이다. 부모의 베풀어줌에는 '잘 자라서 훌륭한 사람이 되라'는 꿈에 대한 기대가 담겨져 있다.

꿈꾸지 않는 사람은 청구할 자격도 없다. 반면에 꿈꾸는 사람은 부모에게 무엇이든 청구할 자격이 있다. 꿈꾸는 삶에 꼭 필요한 것이라면 누구에게라도 청구할 수 있다. 때로는 꿈은 있는데, 자신의 부모가 그 꿈을 위해서 후원을 해주지 못할 경우가 있다. 이럴 때는 누구에게라도 꿈을 위한 필요를 청구할 수 있다. 그리고 그 꿈이 많은 사람들에게 유익한 것이라면 누구라도 그 청구를 받아들여야 한다. 개인들이 마음껏 꿈을 펼칠 수 있도록 기회를 주고 뒷받침해주는 사회가 좋은 사회이고, 그런 국가가 좋은 국가이다.

## 민주, 꿈의 이름으로 청구하다.

　민주는 시골 가난한 집에서 태어났다. 어릴 때 어머니가 돌아가셨다. 아버지는 재혼을 했고, 민주에게는 새엄마가 생겼다. 아버지와 새엄마 사이에서 두 아이가 더 생겼다. 민주가 초등학교에 막 들어갔을 때 아버지가 돌아가셨다. 민주는 가난한 새엄마네 집에서 힘겹게 학교에 다녔다. 한겨울 눈이 쌓여도 양말도 못 신고 고무신에 맨발로 다녔다. 아이들은 민주를 멸시하고 놀려댔다. 민주는 그래도 꿋꿋하게 학교에 다녔다.

　어느 추운 겨울날, 민주는 처진 어깨로 혼자 운동장을 걸어 집으로 가고 있었다. 어느 결에 왔는지, 무섭기로 소문나 '얼음' 이라는 별명을 가진 담임선생님이 민주의 어깨에 손을 얹고 "너는 보통사람이 아니야!"라는 말을 해주셨다. 그때 민주에게 '나는 보통 사람이 아니다!' '나는 훌륭하게 될 사람이다!' 라는 자존감이 생겼다.

　한 번은 교무실에 들어가기 위해서 교무실의 문 앞에 서게 되었다. 막 문을 열려고 하는데 교무실 안에서 '민주'의 이름을 거론하는 소리가 들려왔다. 가만히 들으니 '얼음 선생님'이 다른 선생님들에게 민주 자신을 칭찬하는 말을 하고 있는 것이었다. 민주는 교무실에 들어갈 수가 없었다. 민주는 그냥 발걸음을 돌렸다. 민주는 너무 큰 감동받아 울면서 집으로 왔다. 그리고 그날 민주는 보통사람보다 훨씬 더 나은 사람이 되기를 결심했다. 그날 이후 민주는 꿈꾸는 사람으로 살게 되었다.

민주가 초등학교를 졸업할 때였다. 민주는 너무 가난해서 중학교에 갈 수가 없었다. 민주는 아빠도 없는데 가난한 새엄마에게 중학교를 보내달라고 청구할 수가 없었다. 그러나 '남보다 훌륭한 사람'이 되기 위해서는 남들도 다 가는 중학교에 진학하지 않을 수도 없었다. 그래서 민주는 용기를 냈다. 어떻게 그런 생각을 했는지 민주는 면사무소로 면장님을 찾아갔다. 그리고 사정을 말씀드리면서, 열심히 공부해서 훌륭한 사람이 되겠다고, 나중에 갚겠으니 중학교 입학금을 한 번만 도와달라고 부탁했다. 면장님은 눈물을 머금은 눈과 떨리는 말에 담겨 있는 민주의 꿈과 그 꿈을 위한 아이의 용기에 감동을 받았다. 그래서 자신의 주머니를 털고, 면사무소 직원들 모두의 주머니를 털게 하여 민주의 입학금을 마련해주었다. 민주는 열심히 공부해서 장학생으로 중학교와 시골종합고등학교를 졸업했다. 그리고 고등학교를 졸업하면서는 그 학교에서는 처음이자 마지막으로 서울

최고의 명문대학에 합격해서 면 전체를 감동시켰다. 민주는 그렇게 반듯하게 자라서 지금도 자기의 꿈을 위해서 열심히 대학생활을 하고 있다.

민주의 이야기는 여기까지이다. 크리스천 치유상담연구원 원장님인 정태기 목사님이 방송에서 전해준 민주의 이야기이다. 얼음선생님은 민주를 꿈꾸게 했다. 꿈꾸는 민주는 면장님에게 꿈을 위해 중학교 입학금을 청구했다. 면장님은 민주로 하여금 꿈꾸는 삶을 살게 하기 위해서 그 청구를 받아들였다.

## 꿈을 위해서 구하고 찾고 두드리라

하나님은 아무 뜻 없이 사람을 세상에 보내지 않는다. 뭔가 해야 할 일을 주어서 세상에 태어나게 하신다. 그러므로 사람들은 뭔가 이루어야 할 사명과 감당해야 할 역할을 가지고 세상에 태어난 것이다. 그것은 꿈과 연관되어 있다. 사명은 꿈이고, 사명을 감당하는 삶은 꿈꾸는 삶이다. 큰 꿈을 위해서는 자기를 키워야 한다. 그렇게 꿈을 위해서 자기 발전을 도모하기 위해서 필요한 것들은 과감하게 요구하라. 부모에게, 형제에게, 이웃에게, 사회에, 국가에, 하나님에게 당당하고 끈기 있게 청구하라.

하나님은 꿈을 위해 아무리 큰 것이라도 요구하라고 말씀하셨다.

"네 입을 넓게 열라. 내가 채우리라."(시 81:10)

구약성경의 야베스라는 인물은 하나님께 큰 것을 청구했고, 청구한 모든 것을 받았다.

"주께서 내게 복을 주시려거든 나의 지역을 넓히시고 주의 손으로 나를 도우사 나로 환난을 벗어나 내게 근심이 없게 하옵소서!"(역대상 4:10)

하나님은 이 야베스의 청구를 받아들여주셨다. 성경은 "하나님이 그가 구하는 것을 허락하셨더라."라고 기록해 놓았다.

예수님도 구할 것이 있으면 마음껏 구하라고 말씀하셨다.

"구하라 그러면 너희에게 주실 것이요, 찾으라 그러면 찾을 것이요, 문을 두드리라 그러면 너희에게 열릴 것이니, 구하는 이마다 얻을 것이요 찾는 이가 찾을 것이요 두드리는 이에게 열릴 것이니라."(마태복음 7:7, 8)

꿈꾸는 삶을 살아가면서 없는 것, 부족한 것, 필요한 것은 사람과 하나님에게 요구하라. 우리가 꿈을 위해서 구하고, 찾고, 두드리면 우리의 꿈을 알아주는 사람이 생기고, 우리의 청구를 받아주는 사람이 생길 것이다. 꼭 필요한 것을 사람이 도와주지 않으면 하나님께서 기적을 베풀어서라도 도와주실 것이다.

# 06 긍정적인 브랜드가
꿈을 이루는데 도움을 준다.

 ## 꿈꾸는 사람은 브랜드 파워를 갖게 된다

사람들은 살아가면서 어떤 이미지가 형성된다. 그가 어떻게 보고 느끼고 생각하고 판단하고 말하고 행동하는지에 따라서 자신만의 고유한 이미지가 만들어지게 된다. 그렇게 형성된 이미지가 고정되면, 그것이 그의 브랜드가 된다. 좋은 사람·나쁜 사람, 선한 사람·악한 사람, 성실한 사람·불성실한 사람, 정직한 사람·위선적인 사람, 용감한 사람·비겁한 사람, 신중한 사람·가벼운 사람, 믿을 수 있는 사람·믿을 수 없는 사람, 지혜로운 사람·어리석은 사람, 똑똑한 사람·바보 같은 사람, 부드러운 사람·딱딱한 사람, 따뜻한 사람·차가운 사람, 능력 있는 사람·무능한 사람 등의 이미지가 만들어진다. 그리고 한 번 만들어진 이미지는 쉽게 바뀌지 않는다.

어떤 사람은 자신이 갖게 된 브랜드 때문에 덕을 보고, 어떤 사람은 손해를 보기도 한다. 긍정적인 브랜드를 가진 사람은 이미지의 덕을 보고, 부정적인 브랜드를 가진 사람은 손해를 본다. 긍정적인 브랜드의 이미지를 갖는 것은 꿈을 이루는데 큰 도움이 된다. 많은 사람들에게 공인 받는 긍정적인 브랜드 이미지는 자신의 꿈을 이루어 가는 과정에서 다른 사람들의 이해와 도움을 받을 수 있게 해준다. 브랜드 파워는 국가, 기업, 그리고 개인에게도 적용된다. 꿈꾸는 사람은 긍정적이고 멋있는 브랜드를 갖는 것이 필수 사항이다.

## 링컨이 갖게 된 파워 브랜드, 정직한 에이브

링컨은 미국의 가장 훌륭한 대통령 1위 자리를 차지하고 있다. 물질적으로나 심리적, 문화적, 영적으로 미국인의 삶을 높여 놓는데 가장 큰 영향을 끼친 인물, 미국의 역사 형성에 가장 큰 영향력을 끼친 인물에 대한 역사학자들의 평가에서도 1위에 올라있다. 링컨은 미국인들에게 뿐만 아니라 세계인들에게도 위인전에 반드시 수록해야 하는 위인으로 인정받고 있다.

링컨을 이해하는 핵심 단어, 링컨을 링컨 되게 만들어준 키워드는 '정직한 에이브(Honest Abe)' 이다. '정직한 에이브' 는 그의 좌우명이었다. 그것은 링컨의 선거캠프에서 채택한 선거구호이기도 했다. 그것은 단지 구호가 아니라 링컨 자신의 정치철학이기도 했다. 링컨이 정직을 인생의 모토로 삼은 것은 필요에 의해서가 아니었다. 자신을 포장하기 위해서도 아니었다. 그는 어릴 때부터 정직을 최고의 가치로 삼고 있었다.

링컨의 어머니는 그가 아홉 살 때 돌아가시면서 "부자나 높은 사람이 되려고 하기보다는 성경을 읽는 사람이 되라."는 유언을 남겼다. 링컨은 그 유언대로 성경을 읽는 사람이 되었고, 성경을 읽으면서 성경적 가치관을 가지게 되었다. 그는 평생 기도의 사람으로 살면서 하나님 앞에서 정직한 모습으로 서려고 노력했다. '정직한 에이브'는 그렇게 사는 중에 자연스럽게 붙여진 별명이었다. 링컨을 대표하는 브랜드가 되었다.

20대의 링컨이 일리노이주 뉴살렘의 작은 잡화점 '오펏'에서 점원으로 일을 할 때의 일화이다. 어느 날 저녁, 하루 매상을 정리하던 링컨은 6센트가 남는 것을 발견했다. 왜 6센트가 남을까를 곰곰이 생각하던 링컨은 그날 가게에 왔던 손님들의 얼굴을 하나 하나 떠올렸다. 그때 꽤 먼 마을에 사는 앤다라는 할머니에게 거스름돈 6센트를 덜 내 내준 것을 알게 되었다. 6센트는 무시해도 좋을 만큼 적은 액수였고, 한 시간 이상 걸어가서 찾아 주기에는 매우 귀찮은 일이었다. 그러나 링컨에게는 전혀 귀찮은 일이 아니었다. 정직과 연관된 것이기 때문이다. 그래서 그는 한밤의 어두운 산길을 걸어서 앤디 할머니의 집으로 가서, 손해를 끼치게 된 것에 대해서 사과하면서 6센트를 돌려주었다. 다시 가게에 갈 때 주면 될 것을 괜한 수고를 했다고 위로하는 앤디 할머니에게 링컨은 대답했다.

"오늘 잘못은 오늘 바로잡는 것이 옳습니다."라고.

어느 날은 가게 문을 막 닫은 늦은 밤에 손님이 왔다. 손님은 자기 집에 손님이 왔는데 찻잎이 떨어졌다면서 찻잎 500g을 달라고 했다. 링컨은 귀찮아하지 않고 손님에게 물건을 팔았다. 그리고 다음날 장사를 시작하려고 할 때 저울의 눈금이 '0'이 아니라 '50'을 가리키고 있는 것을 발견했다. 링컨은 어젯밤에 450g의 찻잎을 500g이라고 판 셈이었다. 누가 뭐라고 한 것도 아니고 알아챌 일도 아니었다. 그러나 링컨은 50g의 찻잎을 가지고 그 손님의 집을 찾아가서 자신의 부주의로 손해를 끼치게 되었던 것을 사과하며 건네주었다.

이런 일들이 쌓이면서 사람들은 링컨을 '에이브러햄 링컨'으로 부르지 않고 '정직한 에이브'라고 불렀다. 이렇게 붙여진 '정직한 에이브'는 링컨의 브랜드가 되었다. 사람들은 '정직한 에이브'를 한없이 칭찬했고, '정직한 에이브'는 링컨의 브랜드가 되었다.

링컨이 미국 16대 대통령으로 출마했을 때 그의 선거참모들은 링컨을 가장 잘, 그리고 가장 효과적으로 알리고 부각시킬 수 있는 구호로 이 '정직한 에이브'를 채택했다. 그리고 이 '정직한 에이브'는 엄청난 힘을 발휘하는 파워 브랜드가 되어, 그를 대통령이 되게 하였다. 링컨에게 '위대한 해방자(The Great Emancipator)'라는 이름을 가질 수 있게 해준 것도 '정직한 에이브'라고 할 수 있다.

링컨은 스무살 때 미시시피강을 따라 1600km에 이르는 여행을 했다. 그는 뉴올리언스를 여행하면서 흑인노예 경매현장을 목격하게 된다. 흑인을 동물처럼 취급하는 것을 보고 그것은 옳지 않은 일이고, 노예를 해방시키는 일을 하겠다는 꿈을 갖게 되었다. 그가 변호사가 된 것도, 정치가가 된 것도 노예해방의 꿈을 이루기 위함이었다. 링컨은 대통령이 됨으로써 노예해방을 선포할 수 있었는데, 결국 링컨의 꿈을 이루어주는데 결정적인 역할을 해준 것은 그가 대통령이 될 수 있게 해준 '정직한 에이브'의 브랜드 파워라고 할 수 있다.

미국 사람들은 링컨을 떠올릴 때면 언제나 '정직한 사람'이라고 했다. 이 링컨의 이미지는 실제로 그의 정직함을 경험한 사람들뿐만 아니라 '정직한 에이브'라는 말만 들었을 뿐인 사람들에게도 동일한 이미지를 형성하게 해주었다. 그는 일생동안 최대한 정직하려고 애쓰며 살았다. 아래의 인용문의 그의 말은 그가 특히 국민들에게 정직한 대통령이 되고자 했던 것을 잘 보여준다.

"국민의 일부를 처음부터 마지막까지 속일 수는 있다. 또한 국민의 전부를 일시적으로 속이는 것도 가능하다. 그러나 국민 전부를 끝까지 속이는 것은 불가능하다."

## 네임 브랜드를 가꾸자

　좋은 생각, 좋은 말, 좋은 행동이 쌓이면 좋은 이미지를 주는 네임 브랜드가 생긴다. 반대로 나쁜 생각, 나쁜 말, 나쁜 행동이 쌓이면 나쁜 이미지의 네임 브랜드가 붙게 된다. 거짓말을 반복하면 거짓말쟁이, 남을 속이는 일을 반복하면 사기꾼, 폭력을 반복적으로 휘두르면 깡패, 남의 것을 반복적으로 훔치면 도둑놈, 게으름이 몸에 배면 게으름뱅이가 된다. 이런 브랜드로는 꿈을 꿀 수도 없고 이룰 수도 없다. 정직, 의, 정의, 용기, 성실, 신실, 믿음, 선, 충성, 지혜와 같은 긍정적이고 좋은 말들이 자신의 이름을 대변하는 대표 브랜드가 되게 하자. 자신을 강력하고 매력적인 브랜드로 가꾸면 꿈으로 가는 강력한 추진력을 얻을 수 있다.

# 07 꿈과 인생모토

 ## 인생의 모토가 꿈꾸는 삶에 주는 유익

인생의 좌우명을 가지고 산 사람들이 많다. '좌우명(座右銘)' 이란 뜻은 "자리의 오른편에 놓은 글을 새겨놓은 쇠붙이"를 말한다. 항상 자기 곁에 두고 아침저녁으로 바라보면서 자신의 생활과 행동의 길잡이로 삼는 명언이나 격언을 가리키는 말이다. 이 말은 후한 시대의 최원(AD(78 ~ 143)이라는 학자로부터 유래한다. 그는 실제로 아래의 글을 쇠판에 새겨 넣 자리의 오른편에 놓아두고 매일 보면서 마음에 새겼다고 한다.

남의 단점을 말하지 말고, 나의 장점을 자랑하지 말라.

남에게 베푼 건 기억하지 말고, 은혜를 받은 것은 잊지 말라.

'좌우명' 을 다른 말로 '인생의 모토' 라고 할 수 있다. 인생의 모토는 그 사람의 가치관, 인생관, 세계관을 담고 있다. 인생의 모토는 더 나아가서 그 사람의 꿈과 꿈꾸는 삶을 핵심적으로 나타내준다. 그가 무엇을 위해서 살고 있고, 무엇을 위해서 살아왔는지를 한마디로 표현할 수 있는 것이 인생의 모토이다. 자신의 꿈을, 그리고 꿈꾸는 삶을 한마디 모토에 담아서 분명하게 말할 수 있는 것은 꿈꾸는 삶에 큰 도움이 된다.

 ## 존 워너메이커의 꿈을 담은 인생모토

존 워너메이커의 인생의 모토를 생각해보자. 그는 "하나님 안에서 생각하고, 하나님 안에서 노력하고, 하나님 안에서 땀 흘리고, 하나님을 신뢰하는 것이 내 인생의 표어였으며 내 인생의 전부였다."고 고백했다. 그의 이 모토를 '존 워너메이커의 4T' 라고 말한다. Think(씽크, 생각하라), Try(트라이, 노력하라, 실천에 옮기라), Toil(토일, 땀을 흘리라), Trust in God(트러스트 인 갓, 하나님을 의지하라)가 그것이다.

존 워너메이커는 신부님이나 목사님이 되지는 않았다. 교회학교 교사를 했다. 그러나 76년 동안 한 주도 빠지지 않고 교회에서 아이들을 가르쳤다. 그가 만든 교회학교는 미국에서 가장 큰 교회학교였다. 그는 평생 하나님을 위해서 일하는 꿈을 꾸었다. 그러나 몸으로 헌신하는 것보다 자신이 더 잘할 수 있는 방법을 실천했다. 그것은 돈을 벌어서 하나님의 일을 하는 것이었다.

존 워너메이커는 작은 옷가게를 시작해서 여러 개의 백화점을 만들어 미국 최대의 백화점 재벌이 되었다. 그래서 사람들은 그를 '백화점왕'이라고 부른다. 그를 백화점왕이라고 부르는 것은 그가 가장 큰 백화점을 운영해서가 아니다. 백화점을 통해서 많은 돈을 벌었기 때문만도 아니다. 그것은 그가 현대적인 백화점 운영을 시작했기 때문이다. 그는 "손님은 왕이다"라는 모토를 처음 사용했다. 상품에 정찰제를 붙여서 팔기 시작한 것도 그가 최초였다. 그렇게 사업을 잘한 덕에 그는 많은 돈을 벌었다.

존 워너메이커가 돈을 벌고자 했던 것은 돈이 목적이 아니었다. 부자가 되기를 꿈꾼 것도 아니다. 그는 돈을 벌어서 하나님을 위해서 많은 일을 하려는 꿈을 꾸었다. 그래서 그는 번 돈으로 많은 교회를 세워주었다. 그리고 YMCA 활동에 적극 참여했던 워너메이커는 인도에 YMCA 건물을 지어주는 것을 시작으로 세계 수 많은 나라들에 YMCA 건물을 지어주었다. 서울의 종로에 있는 한국의 YMCA 건물도 존 워너메이커의 기부금으로 1908년에 지어졌다.

 ## 가톨릭 주교들은 공식적인 모토가 있다

가톨릭의 신부님들은 품계(하이어라키 hierachy)가 있다. 교황 〉 추기경 〉 대주교 〉 주교 〉 사제(또는 신부) 〉 부제 등의 등급으로 구분된다. 이 품계 중에서 주교 이상의 신부들은 문장(紋章)을 가지게 된다. 문장에는 자신을 상징할 수

있는 그림, 자신의 사목 지향점을 나타내는 모토, 그리고 잠언 등의 글귀를 써넣는다. 이것은 자신의 문장을 사용할 때마다 자신의 꿈과 사명을 되새길 수 있게 해준다. 문장 속의 모토를 보면 그분이 무엇을 중요하게 생각하는지를 알 수 있다. 그리고 그의 사목의 꿈이 무엇인지도 알 수 있다.

전 교황인 요한 바오로2세의 문장 속 모토는 '토투스 투우스(Totus Tuus)'로 '온전히 당신의 것'이라는 뜻이다. 이 문구는 루이지 그리뇽의 『성모에 대한 봉헌』이라는 책에서 인용한 것이다. 온전히 주님의 것으로 주님에 의해 사용되는 생애가 되기를 소망하는 꿈을 담고 있는 모토이다.

현재의 교황인 베네딕토16세는 '쿠퍼라토레스 베리타티스(Cooperatores Veritatis)'라는 모토를 사용한다. 이는 '진리의 협력자'라는 뜻으로, 그가 가톨릭 정통교리의 수호자로 별명이 붙게 된 이유를 잘 말해 준다.

우리나라 최초의 추기경이셨던 김수환 추기경의 문장에는 '프로 보비스 에트 프로 몰티스(Pro Vobis Et Pro Multis)'라는 모토가 씌어져 있다. '너희와 모든 이를 위하여'라는 뜻으로 마태복음 26 : 27~28에 근거했다고 한다. 성도와 세상 모든 사람을 위하여 살겠다는 꿈을 담고 있는 모토이다.

정진석 추기경은 '옴니부스 옴니아(OMNIBUS OMNIA)'가 모토이다. '모든 이에게 모든 것'(고린도전서 9:22)이라는 뜻으로 한 사람이라도 더 구원하기 위해서 모든 사람을 포용하는 삶을 살겠다는 꿈을 담고 있는 모토이다.

사제들은 자신의 문장에 자신의 모토를 새겨 넣음으로써 자신의 사제로서의 꿈을 실천하는데 큰 유익을 얻는다. 도장을 찍을 때마다 자신의 꿈을 되새길 수 있기 때문이다. 사제들 이상으로 분명한 모토를 가지고 사는 것은 매우 유익하다. 그리고 모토가 꼭 짧을 필요는 없다. 그리고 한 단어로 표현할 필요도 없다.

##  '이방인의 사도'를 모토로 가진 바울 사도

이스라엘에서 예수님으로부터 시작된 복음을 세계화시키는데 가장 크게 공헌한 사람은 사도 바울이다. 바울은 처음에는 그리스도인을 핍박하던 사람이었다. 그러나 강한 빛 가운데서 예수님을 만나는 체험을 한 후로는 생명을 걸고 복음을 전했다. 바울은 예수님의 복음을 세상의 많은 사람들에게 전하는 사명에 사로잡혔다. 많은 어려움이 있었지만 그의 복음 전도에 대한 꿈을 가로막지 못했다. 거의 죽도록 매를 맞기도 했다. 여러 번 감옥에 갇히기도 했다. 바다에서 풍랑을 만나 죽을 고비도 넘겼다. 많은 사람들이 훼방하기도 했다. 그래도 사도 바울은 세계를 향한 복음전도를 포기하지 않았다. 그는 아시아와 유럽의 여러 나라들에 복음을 전했고, 많은 교회를 세웠다. 이런 사도 바울의 이방에 대한 전도의 열정은 그 자신의 모토에 잘 나타나 있다.

"내가 이방인의 사도인 만큼 내 직분을 영광스럽게 여기노니"(로마서 11:13).

사도 바울은 '이방인의 사도'라는 모토를 가지고 살았던 것이다.

##  자신의 꿈을 담은 인생모토 정하라

몇 년 전에 학교에서 학생들에게 각자의 인생의 모토를 정해 보는 수업을 진행해 본 일이 있었다. 참 유익했던 시간이었는데, 특히 나 자신에게 유익했던 시간이었다. 그때 나도 나의 목회에 대한 생각과 소명을 생각하면서 모토를 정했다. 개신교의 목사님들은 가톨릭 사제들과는 달리 대부분 공식적인 모토를 내세우지 않는다. 그런데 모토를 정하고 보니 매우 유익한 점이 많았다.

나의 모토는 '천국열쇠'이다. 예수님께서 베드로에게 천국열쇠를 맡기시는 마태복음 16장 19절의 말씀에서 인용한 개념이다. 교목으로 일하는 나는 매년 입학하고 졸업하는 수백 명의 학생들을 대상으로 설교하고 수업하면서 복음을 전하고 있다. 그 모든 학생들에게 '천국 열쇠'(마 16:19)를 나눠주겠다는 뜻도 담았다. 내가 만나는 모든 학생들로 하여금 구원 얻은 사람으로서 천국의 소망을 가지고 살게 해 주고 싶은 꿈을 담은 모토이다. 이 소망의 결과가 15년 동안에 2000여명의 학생들에게 세례를 주는 것으로 열매를 맺었다.

천국의 열쇠는 신약성경의 언어인 그리이스어로는 '타스 클레이다스 테스 바실레이아스 톤 우라논(τὰς κλεῖδας τῆς Βασιλείας τῶν οὐρανῶν)'이다. 나는 이 모토를 서예가에게 글씨를 부탁해서 받았다. 그리고 표구해서 교목실에 걸어 놓았다. 매일, 그리고 어려운 일이 있을 때마다 이 '천국 열쇠'를 읽고 마음에 되새기면서 복음에 대한 열정을 충전한다. 이것은 복음적 사명을 위해 분발하도록 나를 채찍질해 준다. 지금까지 수 십 권의 책을 쓴 것도 이 모토를 되새기는 것에서 많은 도움을 얻었다.

자신의 비전을 한 마디로 요약하여 늘 되새길 수 있는 꿈을 담은 인생모토를 가지는 것은 꿈꾸는 삶을 사는데 매우 유익하다. 꼭 목회자가 아니더라도, 꼭 성경구절에서 인용하지 않더라도 성경과 하나님의 가치에 부합되는 것으로 인생모토를 정해보라.

지금이든 나중이든 자신의 꿈을 담아 인생모토를 정하고 이곳에 기록해놓자.

# 08 꿈꾸는 사람은 이미지 트레이닝을 한다

 꿈꾸는 사람은 이상적인 자기 모습이 어떠해야 할 것
인지를 생각해 놓아야 한다. 그리고 꿈을 이루어가는 과정
에서 만나게 되는 상황들과 문제들을 예상해야 한다. 그리
고 그런 때에 어떻게 행동하고 대처할 것인지에 대해서 이
미지 훈련을 해놓는 것이 매우 중요하다. 꿈을 이루어가는
과정에서 다양한 상황을 만날 수 있다. 그런 상황들을 가정
해서 그럴 때에 어떻게 대처할지를 생각해 놓는 것이 좋다.
그 대처방법을 구체적인 매뉴얼로 만들어 놓으면 실제로 그
런 상황을 만났을 때 당황하지 않고 차분하게 문제를 해결
할 수 있게 된다.

## 이미지 훈련은 실제 훈련 못지 않게 중요하다

유럽의 많은 나라들은 '축구의 나라' 라고 할 수 있을 정도
로 축구를 좋아한다. 세계 최고의 명문팀들이 즐비하다. 많
은 나라들이 축구 세계 최강의 국가들이고, 나라마다 세계
적인 리그를 가지고 있다. 영국의 프리미어리그, 스페인의
프리메라리가, 독일의 분데스리가, 이탈리아 세리에A, 프랑
스의 LFP리그, 네덜란드의 에리디비지에, 포르투갈의 프리
메이라리가 등 세계적인 리그가 있다. 유럽의 나라들은 대

부분 축구 선진국들이다.

각 나라들은 1부리그에서부터 유소년팀까지 많은 단계의 리그들이 있다. 그리고 어릴 때부터 체계적으로 훈련을 받고, 리그에서 경기를 하면서, 정상에까지 오르게 된다. 그런데 그 나라들은 어떻게 유소년, 청소년들을 훈련시키는 것일까?

유럽의 유·청소년 축구선수들은 우리나라 어린 선수들보다 훨씬 더 적은 시간을 훈련한다. 선수를 보호하는 차원에서 연습 시간을 제한하기 때문이다. 그럼에도 불구하고 이들이 세계적인 선수로 실력을 갖추게 되는 비결이 있다. 그것은 이미지 훈련이다. 실제로 몸으로 훈련하는 시간보다 머리로 훈련하는 시간이 실력 향상에 더 중요한 요소로 작용하는 것이다.

유럽의 아이들은 이미지 훈련을 통해서 머릿속의 운동장에서 게임을 한다. 자신도 자신의 포지션에 출전하여 경기하는 상상을 한다. 패스와 드리블, 돌파와 센터링, 슈팅, 그리고 수비 등 축구 경기에서 일어날 수 있는 모든 상황을 이미지로 떠올린다. 그리고 그 상황에서 어떻게 대처할 것인지를 생각한다. 그렇게 이미지로 훈련하면서 생각해 놓은 것을 실제 경기에 출전했을 때 적용한다. 그렇게 하면서 하나 하나의 기술을 완성해 간다. 이렇게 이미지 훈련을 하는 것이, 이미지 훈련 없이 실제 훈련을 더 많이 하는 것보다 더 크게 실력을 향상시켜준다.

 # 꿈도 이미지 훈련을 통해서 커간다

이것은 축구 경기에서만 그런 것이 아니다. 우리들의 꿈을 위한 삶에서도 마찬가지이다. 매일 매일 해야 할 일들을 최선으로 수행하기 위해서도 이미지 훈련이 필요하다. 꿈을 이루어가는 과정에서 만나게 될 상황들을 생각해보라. 그리고 그런 상황이 발생했을 때 어떻게 대처하며, 어떤 방식으로 문제를 해결해 나갈 지를 잘 생각해 놓자. 그러면 실제로 문제가 발생했을 때 잘 대처할 수가 있게 된다.

꿈을 이루며 살다

# 成, 꿈을 이루다!

# 01 꿈을 이루려면 자기 관리에 성공하라

 자기 관리에 성공하는 사람이 꿈을 이룰 수 있다. 사람마다 성공에 도움이 되는 좋은 성품과 성공에 장애물이 되는 좋지 못한 성품을 가지고 있다. 스스로에게 정직한 사람은 자기가 가장 조심해야 할 좋지 못한 성품이 무엇인지 알고 있다. 사람들은 자신이 알고 있는 바로 그 성품 때문에 실패하는 경우가 많다. 자기 관리의 핵심은 자신의 장점을 꿈꾸는 삶에 유익하도록 사용하고, 자신의 약점이 꿈꾸는 삶에 장애가 되지 않도록 컨트롤 하는 것이다. 그것도 꾸준히 그렇게 관리해야 한다. 자기 관리를 잘해오던 사람도 어느 한 순간의 방심으로 무너질 수 있다. 자기 관리에 성공해야 꿈도 이룰 수 있다.

## 헤밍웨이의 『킬리만자로의 눈』

《그는 결코 쓰지 않았다. 아무것도 쓰지 않은 채 안일함만을 추구하면서, 또한 스스로가 멸시하는 그런 인간이 되어 나날을 살아가는 가운데, 그는 자신의 재능을 무디게 만들었고, 일에 대한 의욕마저 약화시켰던 것이다.……그가 자신의 재능을 망친 것은 스스로 자기 재능을 전혀 사용하지 않았기 때문이다. 자기 자신과 자신이 믿는 바를 배신했기 때문이다. 지각의 날을 무디게 할 정도로 술을 너무 마셔댔기 때문이며, 태만과 타성과 속물근성 때문이다. 또한 자만심과 편견 때문이며, 수단과 방법을 가리지 않았기 때문이다. ……그에게 재능이란 실제로 이룩한 것이 아니고, 언제라도 하면 할 수 있다는 식의 그런 것이었다. 언젠가는 쓸 때가 오리라, 하고 그는 늘 생각했다. 쓸 것은 참 많았다. 나는 이 세상의 변화를 보아왔다. 그것도 표면의 사건뿐이 아니라 사람도 관찰해 왔다. 게다가 나는 미묘한 사회의 변화를 보아왔다. 시대의 변화에 따라 사람이 어떻게 변해지는가를 회상할 수 있었다. ……그는 그 속에서 살아왔고 그것을 관찰해 왔으므로 그것을 쓰는 것은 그의 의무였다. 그러나 이제는 쓰지 못할 것이다. ……그는 자기 일생을 통해 이런저런 형식으로 자신의 활력을 팔아왔던 것이다.》

어네스트 헤밍웨이의 소설 『킬리만자로의 눈』에 나오는 내용이다. 소설의 주인공은 기자출신의 재능 있는 작가 해리 스트리트(Harry Street)이다. 그는 그 재능으로 상류사회에 편입되었다. 그는 상류사회의 안일함과 쾌락을 만끽하게 되면서 더 이상 작품을 쓰지 않았다. 그는 자신의 정력을 재능을 발휘하는데 쓰지 않고 인생을 즐기는데 소비했다.

그는 상류사회에서 돈 많은 여성을 만나 결혼했다. 그의 인생은 더 없이 평온했고 풍족했다.

그는 작품은 쓰지 않으면서도 마음만 먹으면 언제라도 자신의 소설가로서의 재능을 발휘할 수 있다고 생각했다. 머릿속에서 구상한 작품들이 많이 있었는데, 그것이 언제라도 작품이 될 것으로 생각하며 살았다. 그러나 그 작품들은 그의 머릿속에만 있었을 뿐 세상에 태어나지 못하게 되었다. 그가 더 이상 글을 쓸 수 없게 되었기 때문이다.

해리는 아내와 아프리카의 아름다운 사파리를 여행하게 된다. 눈 덮인 아름다운 킬리만자로산이 바라보이는 아름다운 사파리 평원에서 해리는 즐거움이 아니라 고통을 만나게 된다. 괴저병에 걸려 죽음을 바라보게 되었기 때문이다. 그는 자신에게 다가오는 죽음을 마주보면서 몹시 괴로워한다. 그런데 그가 정말 고통스러워하는 것은 육체적인 것이 아니라 정신적인 것이다. 자신의 안일과 나태함에 빠져 살았던 과거, 자신의 재능을 꽃피울 기회를 날려버렸다는 사실이 그를 고통스럽게 만들고 있는 것이다. 얼마든지 꿈을 이룰 수 있었음에도, 전혀 꿈을 이루지 않았던 삶에 대한 후회의 고통이었다. 꿈을 잃어버린 인생에 대한 자책의 아픔이었다.

해리는 자기관리에 실패했다. 그는 작가로서의 자기 재능을 꽃피우기 위해서는, 스스로 생각하는 재능 있는 작가가 되기 위해서는 절제를 해야 했다. 술을 절제해야 했고, 성을 절제해야 했고, 안일함에 빠지지 말아야 했다. 자기관리에 실패하면서 그의 작가로서의 꿈은 안개처럼 사라지고 말았다.

많은 사람들이 해리처럼 꿈을 제대로 펼치지 못하고 세상을 뜬다. 세상을 떠나기 전에 꿈을 펼치려면 나태함에 빠지지 말아야 한다. 머릿속에 생각으로만 가지고 있는 꿈을 머리 밖으로 끌어내야 한다. 이루고 싶은 꿈을 실제로 이루기 위해서는 지금, 아직 죽음이 찾아오지 않았을 때에 꿈을 위한 삶을 살아야 한다.

##  단점도 장점도 자기 관리 대상이다

사람마다 장점도 있고 단점도 있다. 강점도 있고 약점도 있다. 꿈을 이루기 위해서는 우선 약점 관리를 잘해야 한다. 대부분의 사람들은 자신의 약점을 잘 알고 있다. 자신의 문제가 무엇인지, 성공하기 위해서는 어떤 점을 고쳐야 하는지 알고 있다. 알고 있는 것과 고치는 것과는 별개의 문제이다. 약점을 알고 극복하든지, 최소한 잘 관리하면 그 약점이 자신의 삶과 꿈과 성공에 장애가 되지 않는다. 그러나 약점을 알면서도 주의하지 않으면 자신도 알지 못하는 순간에 자신의 인생을 무너트리는 폭탄이 된다.

약점 뿐 아니라 장점과 강점 또한 관리의 대상이다. 자신이 가지고 있는 장점은 꿈을 이루는데 큰 도움이 된다. 그러나 장점이라도 잘 관리하지 않으면 자신을 망치는 원인이 된다. 예수님이 "칼을 가진 자는 다 칼로 망한다"고 말씀하신 이유이다. 장점이나 강점을 가지고 있다는 것은 칼을 가지고 있는 것과 마찬가지이다. 그러나 그것은 양날의 칼과 같다. 자칫 그 칼에 자신이 다칠 수도 있기 때문이다.

자신의 장점을 지나치게 믿고 나태한 인생을 살면 그런 장점이 없어서 열심히 노력하며 산 사람보다 뒤떨어진다. 빠른 발을 믿고 낮잠을 잔 토끼보다는 느린 발 때문에 쉬지 않고 노력한 거북이가 경주에서 이겼다는 이솝의 우화가 이것을 잘 보여준다. 2600년 전의 이솝도 알고 있던 교훈이고, 2600년 동안 진리로 받아들여져 온 교훈이다. 자신의 약점과 강점을 잘 관리하는 것이 꿈을 이루는 지름길인 것을 기억하자.

 ## 야구선수의 티눈 수술

꿈을 이루려는 사람들은 자기관리를 잘해야 한다. 사소한 것이라고 생각되는 것도 정말로 중요하지 않은 것인지를 잘 살펴야 한다. 때때로 아주 작은 것을 무시하다가 큰 것을 망치는 수가 있다. 자신의 성격, 생활습관, 또는 몸의 상태에 대해서 꼼꼼하게 살펴서 꿈을 이루는데 장애가 되는 요인을 잘 관리해야 꿈을 이룰 수 있게 된다.

좀 오래 된 야구선수 이야기를 해보자. 구대성 선수는 한국 프로야구에서 빼놓을 수 없는 레전드 중의 한 사람이다. 그는 한화 이글스에서 활약하며 당대 한국최고의 투수의 자리에 올랐다. 일본에 진출하여 오릭스에서 활약하며 일본프로야구에서도 정상급 선수로 인정받았다. 야구의 본고장인 미국에 진출해서 뉴욕 메츠 소속으로 활동했다. 그 구대성에 대한 이야기이다.

구대성은 대전고등학교 시절 주전 투수로 활약하면서 청룡기고교야구 우승을 했다. 한양대학교 야구선수시절에는 한국야구국가대표팀의 에이스였다. 그는 국가대표로 활약하면서 '일본킬러'라는 별명을 얻었다. 그는 대학을 졸업하면서 한화구단의 큰 기대를 한 몸에 받으면서 1993년 프로야구선수가 되었다. 그런데 그의 프로생활 초창기의 성적은 보잘 것 없었다. 1995년에는 무려 14패나 당해서 마무리 투수로서의 신뢰성이 제로였다. 그러던 그가 1996년에는 다승왕(18승), 구원왕(40sp), 방어율왕(1.88), 승률왕(0.857)의 성적을 거두어 투수부문 4관왕을 차지하며 정규리그 MVP를 차지하였다. '대성불패'라는 별명을 얻었는데, '대성불패의 신화'라는 말을 만들어낼 정도였다. 그는 1993년 프로선수로 데뷔해서 한국, 일본, 미국, 그리고 다시 한국에서 18년 동안 활약하다가 2010년 9월에 공식은퇴를 했다. 그러고도 호주프로야구 시드니 블루삭스팀으로 진출하여 2011년 말 현재까지 현역선수로 활동하고 있다. 2011년에는 호주2011시즌 올스타에 뽑히기까지 하여 '대성불패'의 신화를 20여 년 간 이어갔다.

그렇다면 구대성의 성적이 1996년을 기점으로 그 이전과 이후가 그렇게 엄청나게 차이가 나는 이유는 무엇일까? 그 원인은 아주 작은 데 있었다. 구대성이 그렇게 몰라보게 달라진 이유는 아주 사소하다. 그는 1996년 시즌이 열리기 직전에 오른발의 티눈을 제거하는 수술을 했다. '수술'이라고 할 수도 없는 아주 작은 수술이다. 이 작은 티눈 수술이 엄청난 차이를 가져다 준 것이라면 믿을 수 있을까? 그런데 정말 그랬다.

구대성은 국가대표 선수로 활약할 때 '좌대성'이라는 별명이 붙은 대표적인 왼손 투수다. 왼손으로 공을 던질 때는 오른발을 앞으로 힘차게 내딛어야만 한다. 앞으로 내딛는 오른발은 온몸의 체중과 앞으로 쏠리는 몸의 가속도를 견뎌내며 버텨주는 중요한 역할을 한다. 그런데 그 오른발에 티눈이 있었던 것이다. 그는 티눈을 대수롭지 않게 생각했다. 그 사소한 것 때문에 투수의 실력이 좌우된다고 생각하지 않았기 때문이다. 그런데 그가 공을 던진 때마다 그 티눈은 그의 투구폼을 아주 조금 다르게 만들었다. 투수에게 투구폼이 조금 다르게 된다는 것은 작은 일이 아니다. 그것은 결정적인 차이를 가져다 주는 중대한 일이기 때문이다.

수술하기 전까지만 해도 구대성은 티눈 정도는 별일 아니라고 생각했었다. 티눈 하나가 자신의 야구 성적을 결정적으로 좌우하고 있다는 사실을 인식조차 하지 못했던 것이다. 그러나 티눈 제거 수술을 하자 전혀 다른 선수가 되어 있었다. 그는 대학 전성기 때인 원래의 투구 폼을 찾게 되었다. 당연히 그의 성적이 달라졌다. 티눈 하나가 다른 사람들에게는 별 것 아닐 수 있지만 투수인 그에게는 성공을 좌우하는 아주 중요한 결함이었던 것이다.

우리가 자신의 꿈을 이루어가는 과정에서 때로는 아주 사소하게 보이는 작은 결함들이 결정적인 장애로 작용하는 것을 알아야 한다. 우리들은 사고방식, 성품, 습관, 육체와 정신에 나름대로의 결함을 가지고 있다. 그것들 중에는 다른 사람에게는 별 장애가 되지 않는 것이지만 나 자신에게는 결정적인 장애가 되는 것들도 있다. 꿈을 이루는데 장애가 되는 것이라면 아무리 작고 사소한 것이라도 반드시 고쳐야만 하는 것이다.

 ## 세상에서 가장 힘이 센 세 사람

인류 역사상 가장 힘이 센 사람은 누구였을까? 동양 문화권에서는 초한지에 나오는 항우장사를 꼽을 것이다. 서초패왕이 된 항우는 8년 동안 70번을 싸워서 진적이 없었다고 한다. 항우는 힘은 산을 뽑을만하고 기개는 세상을 덮을만하다고 했다. 우리나라에서도 '항우장사 같다' 는 말은 힘이 아주 센 사람을 가리키는 말이 되었다.

성경에 기초한 서양 문화권에서는 세상에서 가장 힘이 센 사람으로 골리앗을 꼽을 것이다. 세계적인 크기를 자랑하는 초대형 크레인들 중에는 골리앗이라는 이름이 붙여진 것이 많다. 세계 최대 조선소인 현대중공업에 있는 초대형 크레인의 이름도 골리앗크레인이다. 그런데 골리앗은 정말 힘이 셌던 것일까?

골리앗은 키로는 세상에 살았던 가장 큰 사람임에 틀림없다. 골리앗의 키는 '여섯 규빗 한 뼘'이라고 했다. 6규빗 × 45cm + 20~30cm로 계산하면 대략 3미터에 이르는 키가 된다. 그런데 그렇게 키가 크고 장대한 골리앗이 그 키와 힘을 가지고 무엇을 했다는 기록은 아무데도 없다. 그가 어떤 전쟁에서 승리했다는 이야기도 없고, 그가 몇 명의 군사를 무찔렀다는 이야기도 없다. 골리앗은 엄청나게 힘이 센 사람으로 이름이 알려졌지만 그 힘을 실제로 사용해서 어떤 위대한 일을 하지는 못했던 것이다. 골리앗에 대한 기록은 블레셋 군대의 앞에 나서서 이스라엘 군대를 향해서 큰소리를 치다가 다윗이라는 어린 목동이 던진 물맷돌에 맞아 죽었다는 창피한 이야기가 전부인 것이다.

성경에 나오는 또 하나의 천하장사 삼손은 다르다. 삼손은 나귀 턱뼈 하나로 1000명의 군사를 쳐 죽였다. 3000명을 수용하는 돌로 지은 경기장의 주기둥을 맨손으로 무너뜨렸다.

 ## 삼손의 머리카락에 숨겨진 비밀

삼손은 힘도 세지만 상반된 두 가지 헤어스타일로 유명하

다. 하나는 자르지 않고 길게 기른 머리카락이다. 다른 하나는 머리카락을 박박 밀린 빡빡머리 스타일이다. 긴 머리는 힘이 센 삼손을 상징하고, 빡빡머리는 힘을 잃은 삼손을 상징한다. 그런데 삼손이 힘을 잃은 것은 머리카락을 빡빡 밀렸기 때문일까? 삼손의 힘은 머리카락에 있었는데, 머리카락을 잃음으로써 힘을 잃어버렸던 것일까? 여기서 삼손의 힘의 진짜 비밀을 알아보아야 한다.

삼손은 나실인이다. 나실인은 히브리어 '나자르'에서 온 말로 '구별하다'는 뜻을 가진 말이다. 하나님께 특별히 구별된 사람을 가리키는 말이다. 삼손은 태어나기 전에 나실인으로 정해졌다. 그리고 세 가지를 금하도록 했다. 첫째는 독주나 포도주를 마시지 말아야 한다. 둘째는 머리에 칼을 대지 말아야 한다. 셋째는 죽은 사람의 시체를 가까이 해서는 안 된다. 이 세 가지 금기 사항을 지키지 못하면 부정을 타게 되고 나실인의 효력이 없어지게 된다. 나실인의 효력이 없어지면 당연히 하나님의 특별한 능력도 없어진다. 삼손의 힘도 없어지는 것이 당연하다.

블레셋 사람들은 삼손의 힘의 비밀을 캐내려고 많은 노력을 했다. 최종적으로 삼손이 매우 사랑하는 애인인 들릴라라는 기생에게 많은 돈으로 유혹해서 삼손의 힘의 비밀을 알아내려고 했다. 들릴라는 매일 조르고 투정을 부려서 결국 삼손의 고백을 들었다.

"만일 내 머리가 밀리면 내 힘이 내게서 떠나고 나는 약해

져서 다른 사람과 같으리라."(17절)

삼손의 비밀을 알게 된 들릴라는 삼손이 자기 무릎을 베고 잠들었을 때 예리한 칼을 가져오게 했다. 그리고 칼로 삼손의 머리카락을 살짝 밀었다. 삼손이 전혀 눈치 채지 못할 정도로 아주 가볍게 칼로 밀었던 것이다. 그때 잘려진 머리카락은 단지 일곱 가닥이었다.

그렇다. 들릴라는 삼손의 머리카락 중에서 단지 7가닥만 밀었을 뿐이다. 7개의 머리카락이 밀렸다고 빡빡머리가 되지는 않는다. 그런데도 삼손은 힘을 잃었다. 싸워보지도 못하고 잡혀서 꽁꽁 묶였다. 아마도 삼손의 머리카락을 모두 잘라버렸던 것은 삼손이 잡힌 이후였을 것이다. 삼손의 힘의 비밀이 머리카락에 있었다고 생각한 블레셋 사람들이 그의 머리카락을 빡빡 밀어버렸던 것이다.

 ## 삼손의 힘이 머리카락에 있었던 것이 아니라고?

이렇게 보면 삼손의 힘이 머리카락 자체에 있었던 것이 아니라는 것을 알 수 있다. 보통의 사람들은 10만개 정도의 머리카락을 가지고 있다. 그 중에서 7개는 무시해도 좋을 만큼 적은 수이다. 그리고 누구에게서나 하루에 80~100개 정도의 머리카락이 빠진다고 한다. 삼손의 머리카락도 매일 수십 개가 빠졌을 것이다. 그래도 힘이 없어지지는 않았다. 그런데 단지 7가닥이 잘렸을 뿐인데 7/100,000 만큼이 아

니라 그의 모든 힘이 없어진 까닭은 무엇일까? 여기에 삼손의 힘의 비밀이 있는 것이다.

삼손의 힘이 없어진 것의 비밀이 머리카락과 연관은 있다. 그러나 문제는 삼손의 머리카락 자체에 있는 것이 아니라 그의 머리가 칼에 밀렸다는 데 있는 것이다. 그것이 단지 7가닥일 뿐이어도 칼에 밀린 것이다. 머리카락이 칼에 밀리지 않는 상태는 하나님께서 삼손과 함께 하시는 것을 상징한다. 마치 아담과 하와가 선악과를 따먹지 않고 있어야 하나님과의 약속이 유지되는 것과 같은 것이다. 삼손의 머리카락 자체에 힘이 들어 있었던 것이 아니라, 밀리지 않은 머리카락이 하나님께서 함께 하시는 전제 조건이었던 것이다. 삼손의 머리카락이 칼에 밀리면서 하나님께서 삼손을 떠나셨다. 비록 7가닥이라는 작은 수의 머리카락이 밀렸을 뿐이지만 하나님과의 약속이 파기 된 것이다. 아담과 하와가 선악과를 따먹은 것과 같은 의미이다. 밀린 머리카락의 숫자는 작았지만 그 결과는 매우 컸다. 하나님이 떠나신 것이다. 삼손의 힘도 없어졌다.

우리들의 인생에 있어서 작지만 결코 작지 않은 것들이 있다. 꿈을 추구하며 사는 과정에서 하지 말아야 하는 것들이 있다. 그것이 꿈 전체와 연관된 상징을 담고 있다면 아무리 작은 것도 결코 작지 않은 것이다. 사소한 것처럼 보여도 아주 중요한 일인 것을 기억해야 한다.

# 02 꿈을 이루려면 건강관리에 성공하라

 꿈꾸는 삶을 위해서 건강을 가꿔라

당신의 몸은 하나님이 계시는 성전이면서, 하나님의 뜻을 이루기 위한 하나님의 도구이다. 당신의 몸이 건강해야 당신이 하나님을 위한 삶을 살 수가 있다. 환자들은 그들의 병환의 정도에 따라서 비전의 삶에 장애를 받게 된다. 병 때문에 비전을 완전히 포기해야 하는 사람들도 있다. 건강은 비전의 삶에 거의 필수적인 것으로 이해해야 한다. 젊은 때부터 건강관리를 잘 해야 하는 이유이다.

자신의 비전을 실현하기 위해서 건강해야 한다. 하나님께 받은바 사명을 다 감당하기 위해서도 건강해야 한다. 세상에 유익을 끼치는 삶을 위해서도 건강해야 한다. 지금 당신이 건강한 상태라면 질병에 걸리지 않도록 최대한 건강관리를 잘해야 한다. 사고를 당하지 않도록 최대한 조심해야 한다. 만약 당신이 지금 건강하지 못하다면 꿈을 위해서 건강을 회복하기 위해서 노력해야 한다. 몸을 건강하게 가꾸는 것은 꿈을 위한 우리의 의무이기도 하다.

 # 김현경의 투병 일기

〈제1호〉 고통도 삶의 이유입니다(2000년 08월 01일)

오늘도 거의 하루 종일 통증과 싸웠습니다. 통증을 조금이라도 잊어버릴 수 있게 뜨개질도 해보고, 보고 싶던 책도 사 놓았지만 아무것도 손을 댈 수가 없었습니다. 암이라는, 나와는 평생 상관없을 것만 같던 병의 진단을 받고 수술을 하고, 방사선 항암 치료를 하고 다시 재발, 그리고 나서 한방병원, 이제는 중국의 어느 병원의 약을 먹고 있습니다.

제 병은 직장암입니다. 그것이 이제는 폐와 골반 그리고 아무도 알 수 없는 어느 곳에 퍼졌다고 하는군요. 벌써 1년 하고 8개월째입니다. 발견당시 이미 3기 말이었으니, 어쩌면 아직까지 살아있는 게 신기한 것인지도 모릅니다. 수술할 때 항문을 꿰매버리고 장을 끌어내어 왼쪽 아랫배에 인공항문을 만들었습니다. 관장으로 세척하고 있지요. 항문 쪽에 통증이 아주 심해서 앉지를 못합니다. 그저 한쪽 엉덩이뼈와 다리뼈를 의자에 걸치고 이 글을 쓰고 있습니다.

그런데, 왜 갑자기 이렇게 글을 쓰고 싶어졌는지는 저도 모르겠습니다. 통증으로 악악 소리를 질러대다가, 진통제를 한 알이라도 안 먹으려고 버티고 버티다가 요즘 내가 느끼는 것을 말로 좀 해보고 싶다는 생각을 했습니다.

오늘 하루는 제 인생의 모든 날과 같습니다. 아침에 일어날 땐 희망도 가져보고 기운도 차려보지만 밤이 되면 몸의 모든 진이 빠져버립니다. 하긴 모든 사람의 하루가 그렇지 않을 까요.

오늘은 남편이 늦는군요. 저는 5살 난 아들 하나와 33살 난 큰 아들(?)이 하나가 있습니다. 제가 통증에 몸부림치며 이제는 가고 싶다, 죽고 싶다고 내질러버리다가 금방 내 자신이 내 입을 막아버리는 이유가 되는 사람들입니다.

이제 가끔씩 제 애길 해보려 합니다. 만약 건강하시다면 제 글을 읽고 건강에 신경 쓰셨으면 하구요, 아프시다면 나보다 저 사람은 더하구나, 하고 위로받으시길 원합니다.

만나서 정말 반가웠습니다. 다시 만나요.


〈제26호〉 청소를 했습니다(2000년 08월 29일 )

오랜만에 손수 청소를 했습니다. 엄마가 매일 오셔서 해주시는 일인데 오늘 갑자기 엄마가 오시기 전 오전에 청소를 해야겠다는 생각을 했습니다. 간만에 잡아보는 청소기가 왜 그렇게 무겁던지 낑낑대며 청소기를 밀고 걸레를 훔쳤습니다. 물론 미미한 통증은 있었지만 잘 해나갔는데 문제는 하고나서 아주 죽을 뻔 했습니다. 얼마나 아프던지 ---

그래도 정말 몇 달만의 노동은 제게 참 많은 것을 생각하게 했습니다. 매일 하는 일이라고 지겨워하던 일이 왜 그렇게 성스럽게 느껴지던지요. 청소기가 빨아대는 먼지들이 얼마나 고맙던지요. 그리고 무릎을 꿇고 앉아 닦는 걸레질은 마치 성스러운 예식 같아 보이기까지 했습니다. 하지 못하는 일에 대한 동경심이었을까요, 아니면 나도 아직 일을 할 수 있다는 자신감에서였을까요, 참 행복했습니다. ……
먼 과거가 아닌 바로 몇 달 전만 하더라도 할 수 있었던 많은 일들이 너무나 그립고, 또 왜 그때 소중한 일인줄 몰랐을까하는 안타까움이 듭니다. 단순한 청소나 집안일도 건강하게 살아있는 증거였던 것을 몰랐던 거예요. 그래서 다시 한번 결심합니다. 멀지 않은 미래에 또 다시 후회할 많은 일들을 미리 막기 위해서 지금 내가 할 수 있는 일들을 소중히, 아주 열심히 하기로 말이에요. (김현경 씨는 포털 사이트 다음에 칼럼 〈말기암환자의 살아가는 이야기〉를 개설하여 자신의 투병생활을 올렸는데, 많은 이들에게 감동과 삶과 건강의 소중함을 일깨워 주다가 하나님의 부르심을 받았습니다.)

 ## 정말 많은 것을 잃는 일

"돈을 잃는 것은 인생 전부를 볼 때에는 그래도 적게 잃는 것이다. 명예를 잃는 것은 인생의 많은 것을 잃는 것이다. 그러나 건강을 잃는 것은 인생의 전부를 잃는 것이다." 라는 말이 있다. 건강을 잃으면 할 수 있는 것은 적어지고 할 수 없는 것들이 많아지기 때문이다. 누릴 수 있는 것들은 적어지고 누릴 수 없는 것들이 많아지기 때문이다. 건강을 잃은 사람은 맛있는 것을 맛있게 먹을 수가 없다. 먹는 것이 주는

즐거움과 행복을 전혀 누릴 수가 없다. 건강을 잃은 사람은 가고 싶은 곳을 마음대로 갈 수가 없다. 여행의 즐거움, 대자연을 누릴 수가 없다. 건강이 없으면 만나고 싶은 사람을 마음대로 만날 수가 없다. 좋은 사람을 만나고 교제하는 행복을 누릴 수가 없게 된다. 읽고 싶은 책도 마음대로 읽을 수 없다. 책을 통한 많은 경험을 할 수 없다. 책이 주는 지식과 지혜와 깊고 따뜻한 세상을 만날 수가 없다. 건강이 없으면 보고 싶은 영화도 볼 수 없다. 남들은 꿈에 그리는 세계여행도 할 수 없게 된다. 건강을 잃으면 대부분의 꿈도 잃어버리게 된다. 꿈은 누가 대신 이루어주는 것이 아니다. 스스로의 꿈을 이루기 위해서는 몸을 움직이며 많은 노력을 해야 한다. 그러나 건강하지 않으면 몸으로 무엇인가를 하는 것이 그만큼 더 어려워진다. 건강을 잃는 것은 전부를 잃는 것이라고 말하기는 어려워도 참 많은 것을 잃는 것임에 틀림없다.

꿈을 위해서, 꿈꾸는 삶을 위해서, 꿈을 이루기 위해서 자신의 건강을 잘 관리하는 것도 큰 의무 중에 하나라는 것을 기억하자.

## 암을 정복한 꿈꾸는 사람, 랜스 암스트롱

건강관리를 잘 하는 사람도 갑자기 찾아온 질병이나 사고를 다 예방할 수는 없다. 어느 순간 뜻하지 않은 사고를 당하기도 한다. 갑자기 찾아온 질병으로 꿈꾸는 삶에 위기를 맞기도 한다. 질병 때문이든, 사고 때문이든, 어떤 종류의 실패를 경험하게 될 때에 이 말을 생각해보라. 꿈을 꾸는 삶을 살다가 만나게 되는 어떤 '사건'으로서의 실패는 아직 실패가 아니다. 내가 아직 꿈꾸는 동안에는 아직 실패가 아니다. 내가 꿈꾸는 것을 포기하지 않는 한 아직은 실패한 인생이 아니다. 꿈꾸기를 포기하는 순간 비로소 실패자가 되는 것이다.

역경과 실패가 반가울 리는 없다. 기뻐할 수도 없다. 그러나 실패를 거듭하면서도 꿈을 붙잡고 씨름하면서 꿈을 이루기 위한 삶을 살아가고 있는 사람은 결코 실패자가 아니다. 지금의 모든 환난과 어려움과 실패를 극복하고 이루어낸 꿈으로 더 위대한 삶을 살게 된 사람들이 있다. 랜스 암스트롱이 그 중 한 사람이다.

 ## 세계 사이클계의 영원한 레전드가 되다

랜스 암스트롱(Lance Armstrong)은 22세인 1993년 세계 사이클 선수권 대회에서 우승한 이래 줄곧 사이클 세계 1위였다. 그는 1996년 생존율 50%의 고환암 판정을 받았다. 발병 3년째인 그의 암세포는 이미 온몸으로 퍼져 폐와 뇌 조직까지 위협하고 있는 상태였다. 그러나 암스트롱은 좌절하지 않고 암으로부터 자기의 생명과 사이클에 대한 꿈을 지키겠다고 결심했다. 그는 기자회견을 자청했다. 그는 자

신이 암에 걸렸으며 반드시 완쾌되어 사이클 트랙으로 돌아오겠다고 세상 사람들 모두에게 약속을 했다.

암스트롱은 고환 제거 수술과 뇌수술을 받았다. 그리고 길고 고통스러운 항암치료를 시작했다. 항암치료 방식은 두 가지가 있었다. 하나는 폐에 무리가 가지만 구토나 현기증이 덜한 방법이다. 다른 하나는 구토나 현기증은 극심하지만 폐에 손상이 가지 않는 방식이었다. 암스트롱은 고통스럽지만 폐를 지켜내는 치료방식을 선택했다. 사이클 선수에게 폐의 손상은 치명적인 것이었기 때문이다. 그는 끔찍한 구토와 현기증에 시달리면서도 자신의 꿈과 약속을 위해서 견뎌냈다.

경과가 좋아져 생존 확률이 60~70% 정도로 높아갈 무렵 그는 자신의 치료과정에 대한 리포트를 공개했다. 세상의 암투병 환자들에게 희망을 전달해 주기 위해서였다. 이 투병 생활과 더불어 그는 또 하나의 꿈꾸는 삶을 시작했다. '암스트롱 재단'을 설립하여 암 퇴치에 앞장섰다. '강하게 살라(live strong)'는 말을 노란색 팔찌에 새겨 희망을 전달했다.

1999년 드디어 암스트롱은 사이클 선수로 돌아왔다. 세계 최대 사이클대회인 제86회 '뚜르 드 프랑스'에 참가했던 것이다. 험준한 피레네 산맥과 알프스 산맥을 넘나들면서 프랑스 전국 도로를 일주하며 3,427km를 23일 만에 달려야 하는 대회이다. 강인한 체력 없이는 완주 자체가 불가능한 코스다. 이 대회에서 암투병을 했던 암스트롱이 우승하리라고 예상한 사람은 아무도 없었다. 암으로 생사조차 불투명했던 암스트롱이 사이클 선수들의 꿈인 이 최고의 대회에서 우승했다. 이런 그에 대해서 전 세계 언론은 '스포츠 역사상 가장 드라마틱한 인간승리'라는 찬사를 보냈다. 그때 그의 우승소감은 세계 암환자들에게 희망을 주는 메시지였다.

"이 승리를 암과 싸우는 모든 이에게 바칩니다. 나를 보십시오. 암은 충분히 극복할 수 있습니다."

암스트롱은 첫 우승 이래 2005년 고별 경기까지 7회 연속 이 경기에서 우승을 차지했다. 그의 투병을 가장 가까이에서 지켜본 칼 아우스만 박사는 그가 우승하는 광경을 지켜보며 이렇게 소리쳤다.

"이 사람이 내가 본 그 사람입니까? 머리카락 한 올 없이 앙상한 몸으로 침대에 누워 간신히 몸을 움직이던 그 사람입니까? 오 하느님, 이 얼마나 멋진 일입니까?"

랜스 암스트롱은 꿈을 위해서 인생을 포기하지 않았다. 고통을 무서워하지 않았다. 그는 고통과 맞서 싸우며 암을 극복하고 꿈을 이루었다. 꿈꾸는 사람은 어떠한 역경도 맞서 싸우며 극복해 나간다. 꿈꾸는 사람에게는 기적 같은 일들이 일어난다. 이것이 꿈의 힘이다.

# 03 진정한 꿈은 사랑에서 출발하고
　　 열정으로 이루어간다

 열정 없이 꿈을 이루겠다는 사람은 몽상가일 뿐이다. 꿈은 몇 번의 열정이 아니라 지속적인 열정을 요구한다. 사람은 밥에서, 자동차는 기름에서, 꿈은 열정에서 에너지를 얻는다.

무엇이 끊임없는 열정을 가질 수 있게 해줄까? 그것은 사랑이다. 자신을 사랑하는 사람, 사람을 사랑하는 사람, 하나님을 사랑하는 사람은 끊임없는 열정을 가지고 꿈을 위해 산다. 사랑을 일과 꿈의 동기로 삼는 본보기가 되는 사람이 이노디자인의 김영세 회장이다.

## 김영세, 디자인에의 꿈과 열정

삼성전자가 세계 일등 기업으로 도약하는데 큰 공헌을 했던 제품이 '애니콜'이다. 휴대전화 애니콜은 삼성전자의 제품의 브랜드 가치를 한 단계 업그레이드 해주었다. 그래서 '애니콜 신화'라고 불렀다.

애니콜 신화의 주인공은 애니콜을 디자인한 산업디자이

너 김영세 씨이다. 김영세는 애니콜을 세계적인 제품이 되게 해주었고, 애니콜은 김영세를 더욱 세계적인 산업디자이너로 만들어주었다.

김영세 회장이 창업한 '이노 디자인'은 세계 산업디자인의 메카라 불리는 미국 실리콘밸리의 펠러앨토 시(市)에 본사를 두고 있다. 김영세 회장은 이곳에서도 '구루(guru, 지도자)'로 불리고 있다. 디자인계의 노벨상이라고 불리는 미국 산업디자인협회가 주는 IDSA 금상, 은상, 동상을 모두 받고, 세계 3대 디자인상을 모두 받았다.

김영세 회장은 자신의 성공 비결을 세 가지로 요약했다.

첫째, '또라이'가 되는 게 중요하다. 그가 산업디자인에 비전을 가지고 공부를 시작했을 때에는 우리나라는 아직 산업디자인에 대한 중요성을 인식하지 못하고 있었다. 주변의 모든 사람들은, 서울대학교를 다니게 한 그 좋은 머리를 가지고 왜 그런 공부를 하느냐고 '미친놈'이라고 했다. 그러나 그는 현실의 한계를 거부하고 앞날을 내다보면서 산업디자인에 대한 꿈을 꾸었다. 그의 꿈에 대한 열정을 사람들은 '또라이'라고 불렀다. 그렇게 미친 듯이 꿈을 꾸며 살았기에 오늘날의 성공을 이룰 수 있었다.

둘째, 'Why not?(왜 안돼?)'가 중요하다. 그는 "왜 이런 물건이 없을까?", "왜 아무도 안 만들고 있을까?" 하는 생각이 들면 불편함을 참지 않고 바로 해결방법을 찾으려고 노력했다. 그는 많은 사람이 안 된다고 하는 것도 "왜 안돼?"

라고 반문하며 될 수 있는 방법을 모색했다.

셋째, 'What if?(만약 ~ 이라면)'의 질문이 중요하다. 김영세 회장은 한 가지 관점, 한 사람의 시각에서만 디자인하지 않는다. 그는 다양한 사람들의 입장이 되어서 디자인을 한다. 그는 제한적인 시간·공간·문화에서만 통하는 디자인이 아니라 다양하고 시공을 초월하여 통하는 디자인을 하기 위해서 노력한다. 그러기 위해서 스스로에게 수시로 'What if?'라는 질문을 한다. 이것은 무척이나 귀찮고 번거로운 일이지만 자신에게 미래의 프로젝트를 가져다 주었다. 그는 계속 이런 생각을 하며 산다.

"다음에 디자인을 한다면 어떻게 할까?"

"좀 더 장기적인 미래를 그린다면 어떻게 할까?"

문제는 '또라이'를 알아주는 사람을 만나는 것인데, 열정이 있으면 알아주고 후원해주는 사람을 꼭 만나게 된다는 것이 그의 철학이고 경험이다. 그는 '지성이면 감천'이라는 말이 맞다고 말한다. 열망이 있으면 기회가 따라온다고 말하는 그는 열망이라는 에너지가 필연을 만들어 준다고 주장한다.

디자인은 1%의 성공 가능성을 보고 뛰어드는 모험이라고 한다. 그 1%는 흔적도 없이 사라질 수도 있고, 한 시대를 바꾸어 놓는 영향력을 발휘할 수도 있다. 한 방울의 물감이 바닷물에 떨어지면 바닷물에 아무런 영향을 끼치지 못하는 미미한 존재가 된다. 그러나 한 방울의 향수가 뿌려진다면, 커다란 방 전체를 새로운 향기로 공간을 가득 채우는 위력을 발휘한다. 김영세 회장은 커다란 방을 향기로 가득 채우기를 꿈꾸면서 사랑으로 디자인한다.

 ## 사랑에서 출발하는 참된 꿈

김영세 회장은 '디자인은 사랑'이라고 정의한다. 자신이 정말 사랑하는 사람에게 선물할 물건을 디자인 하듯이 디자인해야 좋은 제품이 나오기 때문이라고 한다. 이처럼 사랑하는 마음으로 디자인을 할 때, 상대를 깊이 배려하는 마음이 반영되어 좋은 디자인이 나올 수 있기 때문이다. 보기 좋고, 쓰기에 편하고, 만들기 쉬워야 한다는 것이 산업디자인의 3대 요소라고 한다. 이 세 가지 요인을 충족시켜주는 디자인은 사용할 사람을 사랑하는 마음으로 디자인할 때 가능해진다. 김영세 회장의 좋은 디자인은 사람을 사랑하는 마음에서 출발한다. 그의 디자인에 대한 꿈은 사랑에서 출발하고 열정으로 완성되어 간다.

이 사랑과 열정은 꿈꾸는 모든 사람들에게 필요한 요소이다. 어떤 꿈을 꾸어도 사랑에서 출발해야 한다. 사람에 대한 사랑, 인류에 대한 사랑, 나라에 대한 사랑, 세상에 대한 사랑, 신에 대한 사랑 등 사랑에서 비롯된 꿈은 아름다운 꿈이 된다. 고귀한 꿈이 된다.

법조인의 꿈도, 의사가 되려는 꿈도, 정치가에 대한 꿈도, 기업인에 대한 꿈도 사람에 대한 사랑에서 출발해야 한다.

식당을 하는 사람도 사람을 사랑하는 마음에서 음식을 만들어 팔아야 성공할 수 있다. 손님을 사랑하는 마음으로 음식점을 운영하는 사람은 비위생적이고 좋지 않은 재료를 사용할 수가 없다. 사랑하는 사람을 잘 대접하는 마음으로 음식을 만들어 팔면 손님이 먼저 알아본다. 손님의 마음을 얻어야 사업도 성공할 수 있게 된다.

어떤 직업을 갖든지 어떤 일을 하든지 어떤 사업을 하든지 사랑의 동기로 시작하고 사랑을 실천하는 마음으로 하면 훌륭한 꿈꾸는 삶이 된다. 이렇게 사람을 사랑하는 마음으로 추구하는 꿈이라면 누구라도 도와주고 싶고 협력하고 싶은 꿈이 된다.

열정은 그 꿈을 이루어가는 원동력이 된다. 역경에도 포기하지 않는 한결같은 열정은 하나님도 도와주신다. '지성이면 감천이다' 라는 말이 그래서 생겨난 것이다. '하늘은 스스로 돕는 자를 돕는다' 라는 말도 같은 뜻이다.

##  사랑 때문에 기를 쓴 앙리 기요메

조종사 앙리 기요메의 비행기는 그만 안데스 산맥에 추락하고 말았다. 살을 에는 추위 속에 먹을 것 하나 없었다. 그는 사흘 동안 앞만 보고 걸었다. 기요메는 마침내 눈 속에 쓰러져 버렸다. 그는 완전히 탈진한 상태였다. 그는 지금 당장 일어서지 않는다면 그 자리에서 얼어 죽고 말 것이라는 사실을 잘 알고 있다. 그러나 기진맥진한 그는 더 이상 걷고 싶지 않았다. 일어나고 싶지 않았다. 그대로 조용히 고통 없이 죽고 싶다는 생각뿐이었다.

그렇게 의식이 희미해져가는 마지막 순간에 그에게 사랑하는 아내와 아이들이 떠올랐다. 그러자 기요메의 마음이 따뜻해져 왔다. 그 순간 문득 한 생각이 기요메의 머리를 스쳐지나갔다. 만약 자기가 죽은 뒤 시체를 찾지 못한다면? 그러면 자신의 사망 보험금은 어떻게 될까? 그는 실종자가 사망으로 처리되기 위해서는 4년을 기다려야 한다는 사실을 알고 있었다. 자기는 죽었는데, 사망처리가 끝날 때까지는 4년이 걸리는데, 그때까지 아내와 아이들은 무얼 먹고 살까, 하는 생각이 들었다.

가족을 걱정하며 누워있던 기요메의 눈에 100미터쯤 앞에 우뚝 서 있는 커다란 바위가 들어왔다. 그는 생각했다.

"저 바위 위에 올라가서 죽는다면 시체는 금방 발견되겠지! 그러면 사랑하는 가족들이 생계 걱정은 하지 않아도 되겠지!"

여기에 생각이 미치자 그는 그곳에 그렇게 쓰러져 있을 수가 없었다. 그는 움직이기 시작했다. 가족에 대한 사랑하는 마음이 그를 움직이게 했다. 기요메는 기를 쓰고 일어났다. 그리고 눈을 헤치며 한 걸음 씩 사투를 벌이며 올라갔다. 100미터를 100리를 걷는 것처럼 힘들게 걸었다. 그는 다시 쓰러질까 봐, 한 번 더 쓰러지면 다시는 일어설 수 없을까봐 차마 멈추지도 못했다. 마침내 바위에 도달했다. 이제 가족에 대한 염려를 조금이나마 덜고 편안한 마음으로 죽을 수 있을 것 같았다. 그런데 바위 위에 기어올라갔을 때, 그 아래에 마을이 보이는 것이었다. 기요메는 죽기 위해서 바위 위로 왔는데 그곳에서 살 수 있는 길을 발견한 것이다. 가족을 사랑하고 배려하는 마음에서 마지막 힘을 다 낸 기요메는 바로 그 사랑 때문에 생명을 얻을 수 있게 되었다.(생텍쥐페리의 『인간의 대지』의 내용 중에서)

　사람을 사랑하는 것은, 다른 사람을 사랑하는 마음에서 행동한 것은 다른 사람의 생명에도 유익하다. 동시에 자신의 생명에도 도움이 된다는 것을 기억하자. 꿈은 사랑에서 출발하고 사랑에서 완성된다.

# 04 비전의 삶과 20대 80의 법칙

꿈을 이루기 위해서 열정을 가지고 살아야 하는 것은 당연하다. 그런데 인생의 100%, 시간과 열정의 100%를 꿈을 이루는 데만 사용할 수 있을까? 그렇게 해야만 꿈꾸는 삶이 가능하다면 많은 사람들이 지레 겁을 먹고 꿈을 위한 삶을 포기할 것이다. 오직 꿈만을 위해서 인생의 전부를 바쳐야 한다는 것은 무척 부담스러운 일이다. 그러나 너무 적게 투자하면 꿈을 이룰 수 없는 것도 사실이다. 그렇다면 어디에 얼마만큼 집중하는 것이 바람직한 꿈꾸는 삶일까? 여기에 파레토의 법칙(Pareto Principle)를 적용하는 것이 바람직해 보인다. '20대 80의 법칙'이라고도 불린다.

파레토라는 사람의 연구에 의하면, 대부분의 회사에서 20%의 유능한 직원들이 80%만큼의 이익을 만들어 낸다. 나머지 80%의 직원은 회사가 얻는 전체 이익 중에서 단지 20%만을 만들어 낸다.

이 20대 80의 법칙은 많은 분야에 적용된다. 대부분의 나라에서 20%의 부자들이 국부의 80%를 차지하고 있다. 내가 아는 어떤 부인은 수시로 백화점에서 비싼 옷을 산다. 옷장에는 많은 옷들이 있다. 그런데 그 부인은 볼 때마다 두세 가지 옷만 입고 있다. 대부분의 사람들은 자기가 가지고 있는 옷 중에서 자기가 좋아하는 20%의 옷을 80%의 빈도로 입고 다닌다. 사람들은 많은 넥타이들 중에서도 20%만큼의 넥타이를 80%정도 매고 다닌다. 수신되는 이메일의 20%만 필요하고 나머지 80%는 스팸메일이다. 통화한 사람 중 20%와의 통화시간이 총 통화시간의 80%를 차지한다. 20% 의 운전자가 전체 교통위반의 80% 정도를 차지한다.

20%의 범죄자가 80%의 범죄를 저지른다. 성과의 80%는 근무시간 중 집중력을 발휘한 20%의 시간에 이뤄진다. 운동선수 중 20%가 전체 상금 80%를 싹쓸이한다.

꿈을 위한 삶을 사는 사람은 자신의 시간과 에너지의 80%정도를 비전과 연관된 본질적인 일 20%에 집중하자. 그리고 비본질적이고 일상적인 80%의 일들에 나머지 20% 의 시간과 에너지를 나누어 투자하자. 그러면 바람직한 비전의 삶이 될 것으로 판단된다. 그러나 현실은 너무 많은 사람들이 중요하지 않은 비본질적인 일에, 이루어야 할 꿈과는 별로 관련이 없는 일에 80%만큼의 시간과 정열을 바치고 있다. 인생을 낭비하는 사람들의 삶의 모습이다. 이것을 바꾸지 않으면 꿈을 이룰 수 없다. 꿈을 이루려면 80% 만큼의 시간과 정열을 중요한 일 20%에 집중시키는 생활을 하라.

 꿈을 이루기 위한 희생

무엇인가를 얻기 위해서는 일정한 대가를 지불해야 한다. 대가를 지불하지 않고 얻고자 하는 것은 도둑의 심보이다. 놀 것 다 놀고는 좋은 성적을 얻을 수 없다. 놀면서 얻는 즐거움을 희생해야만 좋은 성적표를 얻을 수 있다. 친구들과의 수다, 사이버 게임의 재미, 잠의 달콤함, 나른한 빈둥거림 등을 포기해야 공부할 수 있고 좋은 성적을 올릴 수 있다. 일과 사업에서 성공하기 위해서 많은 것들을 희생하는 사람들이 있다. 취미생활, 여가생활, 가족들과 함께 지내는 시간을 희생하고 나서야 성공한 사람들이 대부분이다.

비전을 이루기 위해서는 반드시 희생해야 할 것들이 생긴다. 때로는 우리에게 많은 즐거움을 주는 것, 아주 소중한 것을 희생시켜야 할 수도 있다. 희생에 대한 결단은 당신의 비전 성취에 절대적인 도움이 된다. 믿음 안에서 비전의 삶을 살게 된 당신은 믿음 밖에서 얻던 즐거움들 중 많은 부분을 희생할 결심을 해야 한다.

 아론 랄스톤의 팔을 자르는 결단

아론 랄스톤은 블루존 캐년(미국 서부 유타주)을 등반하다가 바위가 무너지면서 팔이 바위에 끼는 사고를 당했다(2003년 4월 26일). 팔을 빼려고 아무리 애를 써도 팔이 빠

지지 않았다. 그곳에는 지나가는 사람도 없고, 구조를 요청할 방법도 전혀 없었다. 이대로는 살아날 가능성이 전혀 없었다. 아론은 그런 상태로 6일 동안 버티고 있었다. 점점 힘이 빠져서 이제는 거의 기력이 다 떨어졌다.

어느 순간 아론의 머리에 번개처럼 떠오른 생각이 있었다. 바위틈에 낀 자신의 팔을 잘라내면 그곳에서 빠져나올 수도 있다는 생각이었다. 그는 결단을 내려야 했다.

"팔을 잘라내고 살 것이냐, 팔을 그대로 둔 채 죽어갈 것이냐?"

그는 살기 위해서 팔을 희생시키기로 결단을 내렸다. 그는 등산용 칼을 꺼냈다. 그리고 자신의 팔을 자르기 시작했다. 최대한 빠른 시간 안에 일을 끝내야 했다. 그는 뼈를 깎는 극심한 고통을 참으며 여러 번의 칼질 끝에 자신의 팔을 잘라냈다. 팔을 잘라내자 그의 생명을 짓누르고 있던 바위에서 탈출할 수 있었다. 그는 직접 지혈대를 만들어 팔을 붙들어 매고 산을 내려왔다. 그리고 팔 하나를 희생했지만, 무엇보다 귀한 생명을 얻었다.

아론 랄스톤과 비슷한 경우를 당했던 사람들은 대부분 살아나지 못했다. 팔을 잘라낼 생각을 하지 못했기 때문이다. 또는 팔을 잘라내는 고통을 견디지 못하고, 그래서 팔을 잘라내지 못했기 때문이다. 팔과 함께 죽는 것보다, 팔을 희생시키고 생명을 얻는 것이 얼마나 잘한 일인가? 예수님께서도 범죄한 눈을 빼어버리고, 범죄한 손을 잘라버리고 천국을 얻으라고 말씀하신 것도 같은 맥락이다. 큰 성취를 위해서 우리 자신이 기필코 잘라내야 할 것들이 있다. 그 희생과 희생에 대한 결단이 우리의 꿈을 이루어줄 것이다.

##  의료선교의 꿈을 위해서 많은 것을 버린 슈바이처 박사

사람들은 대부분 얻는 것을 좋아하고 버리는 것을 싫어한다. 무엇인가를 이루려고 힘쓰고, 이룬 것을 지키려고 노력한다. 어떤 사람은 박사학위를 얻으려고 엄청난 노력을 한다. 대학의 교수직을 얻으려고 노력한다. 훌륭한 연주가가 되기 위해서 수십 년을 노력한다. 의사가 되기 위해서 엄청난 노력을 기울인다. 어떤 사람들은 많이 노력해도 이것들 중 하나도 얻지 못한다. 그런데 이 모든 것을 젊은 나이에 다 얻은 사람이 있다. 그리고 그 모든 것을 버린 사람이 있다. 슈바이처 박사가 그 사람이다.

알버트 슈바이처(Albert Schweitzer, 1875~1965)는 독일의 루터교 목회자의 가정에서 태어나서 유복한 생활을 하면서 자랐다. 학문과 예술에서 뛰어난 재능을 가지고 있었다. 24세에는 철학박사 학위를 받았다. 25세에는 신학박사 학위를 취득했다. 그리고 슈트라스부르크대학교 교수가 되었다. 그는 뛰어난 오르간 연주자이기도 했는데, 특히 바흐 해석의 대가로 인정받는 음악인이었다.

어려운줄 모르고 살던 슈바이처가 1904년에 아프리카의 참상을 알게 되었다. 그래서아프리카의 의료선교사가 되기로 결심했다. 1905년의 일이었다. 그래서 그는 다시 의학을 공부해서 의사가 되었다. 1913년에는 의학박사 학위를 취득했다. 그의 아내 헬레네 브레슬라우는 의료선교의 파트너로서 역할하기 위해서 간호사 훈련을 받았다.

슈바이처 박사가 아프리카 의료선교의 비전을 실천하기 위해서는 안락하고 풍요로운 생활과 그동안 쌓아놓은 지위와 명예를 모두 버려야 했다. 웬만한 결심이 아니고는 그것들 중 단 한 가지도 버리기 어려운 크고 귀중한 것들을 아프리카인을 돕기 위한 꿈을 위해서 모두 버려야만 했다.

그들 부부는 그렇게 아프리카 오지로 가서 병원을 세우고 가난한 환자들을 치료하며 선교활동을 했다. 제2차세계대전 때는 독일인이라는 이유로 전쟁포로로 억류당하기도 했다. 온갖 불편과 고생을 감내하면서 평생 박애정신을 실천하며 살았다. 아프리카 의료선교를 위한 꿈꾸는 삶을 산 슈바이처 박사는 1952년 '인류의 형제애'를 위해 공헌한 공로로 노벨 평화상을 수상했다. 비전을 위해서 모든 것을 버린 슈바이처 박사를 위해서 하나님께서는 세상에서 가장 귀한 상으로 보답해 주신 것이다. 물론 하늘에서는 더 큰 상을 준비해 놓으셨을 것이다. 하늘을 위해서 땅의 것을 버리면, 하늘에서는 땅에서 버린 것의 수 천 수 만 배를 얻을 수 있다.

 ## 꿈꾸는 삶을 두려워하지 말라

꿈꾸는 삶을 산다는 것은 가슴 설레는 일인 동시에 두려운 일이기도 하다. 꿈을 추구하는 삶을 위해서는 때로 감내해야 하는 것들이 생긴다. 어떤 사람은 꿈을 위해서 사랑하는 사람과 결별하기도 한다. 사랑하는 사람이 자신의 꿈을 위한 인생을 용납하지 못할 때 생기는 일이다. 때로는 꿈 때문에 가족들에게 버림을 받을 수도 있다. 꿈꾸는 일에 따라서 평생의 가난을 결심해야 할 수도 있기 때문이다. 꿈꾸는 삶 때문에 적이 생길 수도 있고, 직장의 상사에게 눈 밖에 날 수도 있다. 때로는 사람들에게 조롱과 비난을 받을 수도 있다. 어떤 경우에는 직장을 바꾸거나 버려야 할 때도 있다. 빤히 보이는 출세와 성공을 포기해야 할 경우도 있다.

꿈을 위해서 사는 사람이라고 두려움 자체를 모르는 것은 아니다. 다만 두려움을 극복하면서 꿈을 위한 삶을 살아가는 것이다.

 ## 꿈을 위해 산 최춘선 할아버지

일그러지고(동상에 걸려서) 구덕살이 배긴(수 십 년간 신발을 신지 않고 살아서) 맨발로 절름거리면서 지하철을 돌아다니던 노인이 있었다. 그는 전철 안에서 아주 짧은 말을 외치면서 복음을 전했다.

"역사상 가장 위대한 자비에의 초대, 예수 그리스도의 자비에의 초대!"

그는 젊은 청년들을 보면 손가락으로 그들의 가슴을 가리키면서 큰 소리로 말해주었다.

"미스 유관순!"

"미스터 안중근!"

유관순과 안중근은 일제의 식민지 시절에 나라를 사랑하고 민족을 사랑한 사람들의 아이콘이다. 오늘의 젊은이들에게 유관순이 되는 꿈, 안중근이 되는 꿈을 가지라는 호령이었다. 그는 또 외쳤다.

"Why two Korea?"

왜 지금까지 두 개의 대한민국이 존재하느냐는 물음이다. 통일에 대한 꿈을 가지라는 것이었다. 통일에의 꿈을 버리지 말라는 호소였다.

사람들은 그를 불학무식한 가난뱅이 미친 노인이라고 생각했다. 그런데 그 초라한 행색의 할아버지는 목사님이었다. 그는 최춘선 목사님이었다. 최 목사님은 일제시대에 부자집 아들로 태어났다. 일본 유학시절에 복음을 받아들여, 사상가 함석헌 선생님과 함께 일본의 우찌무라 간조 선생의 문하에서 신학을 공부했고 목사가 되었다. 그는 상해 임시정부에서 독립운동을 했던 애국지사이기도 했다.

독립 후 그는 큰 교회를 이루려거나 명예를 얻으려고 애쓰지 않았다. 교회를 개척했지만 교인수를 늘리는 것을 목적으로 삼지 않았다. 최 목사님은 자신의 재산으로 가난하고 헐벗은 사람들을 돌보는 일을 했다. 유산으로 물려받은 수 십 만 평의 땅을 한국전쟁 후의 가난한 사람들에게 무상으로 나누어 주었다. 자신과 가족을 위해서는 땅 한 평 남겨 두지 않았다. 그리고 자신은 거리에서 복음을 전했다. 그는 복음을 전하는 동시에 민족혼을 일깨우는 일을 사명으로 삼았다. 그는 가난을 무서워하지 않았다. 그는 사람들의 시선을 두려워하지 않았다. 사람들의 조롱을 신경 쓰지 않았다. 그는 자신이 그렇게 살 수 있게 하는 삶의 원동력이 예수님이라고 했다. 그는 이 말을 "예수는 나의 힘!"이라는 말로 표현했다.

최 목사님이 신발을 신지 않았던 까닭은 이사야의 고행을 본받은 것이다(사 20:3). 우리나라의 남북이 통일이 될 때까지 신발을 신지 않기로 스스로 한 맹세를 지키기 위함이었다. 그는 유관순 안중근처럼 신앙과 민족혼을 함께 가진 참 한국인이 되라고 일깨우다가 1호선 수원행 전철 안에서 하나님의 부르심을 받았다. 아무도 그를 주목하지 않았지만 그는 예수님과 민족을 극진히 사랑하는 위대한 삶을 살았던 것이다. 그는 남북통일, 민족혼을 일깨워 유관순 안창호 같은 젊은이들이 일어나는 꿈을 꾸는 인생을 살았던 것이다.

그의 특별한 삶은 가난에 대한 두려움, 명예를 얻지 못하고 성공하지 못하는 인생에 대한 두려움, 비난과 조롱받음에 대한 두려움 등 온갖 두려움을 버려야만 가능한 것이다.

예수를 자신의 힘으로 삼고 모든 두려움을 이기고 꿈꾸는 삶을 산 그는 진정한 영웅이라고 할 수 있다.

##  꿈을 위해 좋은 직장을 버린 PD

최춘선 할아버지라는 존재를 세상에 알린 사람이 있다. 최 목사님의 이름 없이 산 위대한 삶을 발굴해서 세상에 알린 사람은 김우현 PD이다. 김 피디는 KBS의 〈인간극장〉 등을 연출하던 방송인이었다. 그는 어느 날 전철에서 우연히 최춘선 할아버지를 만나게 되었다. 그리고 그를 카메라에 담기 시작했다. 꽤 오랫동안 최춘선 할아버지를 추적하며 아주 특별한 다큐멘터리를 제작하기 시작했다. 김 피디는 최춘선 목사님이 외치는 말의 뜻에 담겨진 꿈을 읽게 되었다. 그의 과거사를 인터뷰하면서 그의 꿈꾸는 삶을 이해하게 되었다. 그가 지금의 젊은이들에게 주려고 하는 꿈을 알게 되었다. 이 일을 통해서 김 피디는 자신의 꿈을 찾았다.

김우현 PD는 신앙인이었고 집사의 직분을 가지고 있었다. 그는 영상을 통해서 예수님의 사랑을 전하는 꿈을 갖게 되었다. 이 일을 본격적으로 하기 위해서는 방송국을 그만두었다. 그리고 '팔복(八福) 시리즈'를 제작하기 시작했다. 최춘선 할아버지를 다룬 〈팔복—마음이 가난한 자는 복이 있나니〉가 그 시리즈의 첫 번째 작품이었다.

  직장을 버린다는 것은 두려운 일다. 그런데 김 집사님은
영상을 통해서 그리스도의 사랑을 전하겠다며 안정된 직장
을 과감하게 버렸다. 두려움 속으로 자신의 인생을 내던진
것이다. 그의 꿈을 위한 결단을 통해서 '맨발의 성자 최춘선
할아버지'의 믿음과 삶이 세상에 전해졌다. 그의 영상을 통
해서 많은 사람들이 감동을 받았고 믿음을 새롭게 했다. 그
의 꿈을 위한 일의 결과가 많은 사람들을 꿈꾸게 만들어주
었다. 최춘선 목사님에게 힘이 되어주셨던 '예수'는 김우
현 집사님에게도 꿈을 위한 '나의 힘'이 되어주었다. 그리
고 김우현 집사님의 꿈꾸는 삶의 결과물을 통해서 아주 많
은 사람들이 예수님의 힘을 의지하여 꿈을 위한 새로운 삶
에 용기를 내게 되었다.

# 05 꿈에 생명을 불어넣으라

 ## 생명이 있는 꿈은 계속 성장한다

생명의 특징은 자람에 있다. 생명이 있는 꿈도 계속 자란다. 성장을 멈춘 꿈은 생명력을 잃고 쇠퇴하기 시작한다. 꿈꾸는 삶에서 이룬 하나의 성취는 더 큰 성취를 위한 성장 동력으로 활용되어야 한다. 그것이 살아있는 꿈이다. 작은 성취에 만족하여 안주하는 사람은 더 큰 성취를 이루지 못한다. 더 이상 추구할 꿈을 잃어버린 사람은 인생의 의미도 잃게 된다. 아무리 큰 성공을 거두고 그것을 누리고 있다고 하더라도, 더 이상 꿈이 자라지 않는다면 그는 더 이상 꿈의 사람이 아니다.

우리는 우리의 꿈이 생명력을 가질 수 있도록 해야 한다. 이미 이룬 것은 잊어버리고 앞에 있는 것을 잡으려고 좇아가는 삶을 살아야 한다. 그러면 우리의 꿈과 삶은 끊임없이 확장되어 갈 것이다.

 # 백성학 회장의 자라기를 멈추지 않는 꿈

　　전 세계에서 팔리는 모자 10개 중의 4개는 하나의 모자회사에서 만든 것이다. 이 세계 제일의 모자회사는 연간 1억 개 이상의 모자를 만들어 파는 영안모자이다. 세계 모자 시장의 40%를 점유하고 있는 이 회사를 창업하고 키운 사람은 백성학 회장이다.

　　백성학 회장은 한국전쟁 때 부모님을 따라 피난길에 나섰다. 함경남도 원산에서 남쪽으로 가는 배를 탈 때, 배를 엇갈려 타는 바람에 부모님과 생이별을 했다. 백성학은 그렇게 부모님의 생사를 알지 못한 채 고아가 되어 전쟁통을 헤맸다. 그렇게 혼자 헤매던 어린 백성학이 강원도 홍천 지역을 지날 때 치열한 전투가 벌어졌다. 총알이 소나기처럼 퍼붓고, 여기저기에서 폭탄이 터지는 죽음의 위기에서 소년은 하나님께 살려달라고 기도했다. 살려만 주신다면, 불행하게 살아가는 사람들을 위해 보금자리도 마련해 주고, 좋은 일을 많이 하겠다는 약속을 하면서 기도했다. 그는 살아남았고, 하나님과의 그 약속은 그의 평생의 꿈이 되었다.

　　그는 미군부대 하우스 보이로 일을 하게 되었다. 전쟁고아인 그가 의식주를 걱정하지 않아도 되는, 전쟁통에서 최선의 생존환경이 주어진 것이다. 그렇게 전쟁통에서 살아남아 서울에서 살게 되었다. 15세에 모자공장에 취직을 했다. 그는 모자에 다림질을 하는 것으로 모자와 인연을 맺었다.

그는 19세(1959년)에 70개의 모자로 청계천에 모자 가게를 열었다. 자기가 만들고 자기가 파는 작은 모자 공장을 세운 것이다. 신앙인이었던 그는 모자를 만들어 예수님께 드린다는 생각으로 정성껏 모자를 만들었다. 제품과 손님에게 정성을 다하는 그를 눈여겨 본 사람이 있었다. 두산그룹의 창업자인 박두병 회장이 그의 단골손님이었는데, 그의 제품과 성실함을 인정한 그가 큰 도움을 주었다. 그렇게 1965년부터는 일본에 모자를 수출하기 시작했고, 이후 영안모자는 기적적인 성장을 거듭해서 14개의 해외 법인체를 가진 큰 회사로 성장했다. 그의 회사는 지금 2,500달러짜리 명품 모자에서부터 1달러짜리 모자에 이르기까지 모두 만든다. 멋으로 모자를 쓰는 사람에게는 최고의 명품 모자를 만들어 멋을 낼 수 있게 해준다. 그리고 모자가 꼭 필요한데 가난해서 비싼 모자를 살 수 없는 사람들에게는 싸고 실용적인 모자를 만들어 공급해 주는 것이다.

백성학 회장은 사업영역을 확장하여 2002년에는 ㈜대우버스, 고합(PK케미칼), 2003년에는 100년 역사를 자랑하는 미국의 지게차 제조기업인 클라크를 인수했다. 2006년에는 KIBS컨소시엄을 구성해 경인방송을 인수했다. 방송을 통해서 사회의 어려운 곳 구석구석을 조명하고, 있는 사람과 없는 사람, 배운 사람과 못배운 사람을 이어주는 소통의 다리를 놓아주기 위해서였다. 이제 그는 40개가 넘는 국내외 법인을 거느린 거대 기업군의 회장이 되었다.

　백성학 회장은 기업이 커지는 것과 함께 그의 꿈도 더욱 커져갔다. 백 회장은 점원시절부터 재벌급 기업의 회장이 된 지금까지 하나님께 한 약속을 실천하고 있다.

　"벌어들인 수익의 3분의 1은 반드시 어려운 사람을 돕고 사회에 환원 한다."

　이것이 하나님 앞에서의 백성학 회장의 약속이었다. 그는 약속을 지키면서 자신의 사업과 꿈을 키워왔다. 그의 꿈은 생명력이 있는 꿈이었기 때문에 계속해서 성장해온 것이다.

　돈을 번 백성학 회장은 하나님께 약속하고 자기의 꿈으로 삼은 사회복시 사업을 본격적으로 시작했다. 그는 자신이 죽다 살아난 홍천, 자신의 생명과 꿈이 주어졌던 그곳에 백학마을을 건설했다. 양로원, 교회, 장애인시설과 부속의원 등이 갖추어진 이상적인 사회복지시설을 만들어 운영해 오고 있는 것이다. 백 회장은 중국, 코스타리카, 스리랑카, 베트남 등에도 백학마을을 건설하여, 고아원과 양로원 등 사회복지시설을 설립, 운영하며 경비를 지원하고 있다. 1995년에는 학교법인 숭의학원을 인수하여 기독교 교육사업을 실시하기도 한다. 그는 사업명 'JK파워플랜 프로젝트'를 추진하고 있는데, 일본국제협력기구(JICA)와 함께 전기가 없는 세계의 가난한 마을들에 소규모 발전소를 세워 전기를 공급해주고 문명의 혜택을 누리게 해주는 프로젝트이다. '부는 소유하는 것이 아니라 나누는 것' 이라는 인생철학을 실천하고 있는 것이다.

백성학 회장의 꿈은 거기서 멈추지 않는다. 그는 민족의 미래를 생각하며 누구도 생각하지 못했던 큰 꿈을 꾸고 있다. 그는 땅이 넓은 다른 나라에 50억~100억 평 정도의 땅을 확보하려는 꿈을 가지고 있다. 우리나라가 통일이 되더라도 한민족의 1억 명 정도의 인구가 먹을 수 있는 식량을 재배하기 위한 땅이다. 또한 지구상에 석유자원이 고갈 되고나면 에탄올 등 작물을 이용한 에너지가 중요할 것인데, 그런 방식으로 에너지 문제를 해결하면서 남북통일 된 1억 한민족이 걱정 없이 살 수 있도록 하겠다는 것이다. 그의 꿈은 개인의 차원을 넘어 국가와 민족의 미래를 책임질 만큼 큰 꿈으로 커져 있다. 이렇게 그의 꿈은 그의 사업적 성공과 비례하여 점점 더 커져가고 있다. 살아있는 꿈을 꾸고 있기 때문이다.

 ## 꿈의 크기를 키우라고 말씀하시는 하나님

대개의 사람들에게는 꿈의 크기가 점점 커지는 것이 아니라 오히려 점점 작아진다. 처음에는 큰 꿈을 꾸는데 환경이 어렵거나, 노력이 부족하거나 하는 여러 가지 이유로 꿈의 크기를 줄인다. 이렇게 작아지는 꿈은 생명이 없는 꿈이다. 생명이 있는 꿈, 살아있는 꿈은 점점 더 성장하게 되어 있다. 생명이 있는 것은 자라게 되어 있기 때문이다. 생명이 있는 꿈은 성취와 더불어 더 큰 꿈으로 성장하게 되어 있다.

하나님께서는 이사야 선지자를 통해서 이스라엘에게 큰 꿈을 가지라고 말씀하셨다.

"네 장막터를 넓히며, 네 처소의 휘장을 아끼지 말고 널리 펴되, 너의 줄을 길게 하며, 너의 말뚝을 견고히 할지어다. 이는 네가 좌우로 퍼지며, 네 자손은 열방을 얻으며, 황폐한 성읍들로 사람 살 곳이 되게 할 것임이니라."(사 54:2, 3).

당신의 꿈의 크기를 생각해 보라. 그리고 그 크기를 과거와 비교해 보라. 과거보다 더 커졌는가 작아졌는가? 당신의 꿈에 생명을 불어넣으라. 당신과 더불어, 당신의 성취와 더불어 꿈도 자라게 하라. 그것이 살아있는 꿈이다.

# 06 꿈을 위한 협력자를 얻으라

꿈을 이루는 데에는 자신의 능력, 노력, 열정도 물론 중요하다. 그러나 큰 능력을 가진 사람이라도 혼자서 할 수 없는 일들이 너무 많다. 그래서 누군가의 도움과 협력이 필요할 때가 많다.

자기의 능력을 과신하는 사람은 다른 사람의 도움이나 협력이 필요 없다고 생각한다. 다른 사람을 무시하는 사람은 다른 사람의 도움까지도 무시한다. 자존심(자존감이 아닌)이 강한 사람은 다른 사람의 도움이나 협력을 구하는 것을 자존심 상하는 일이라고 생각한다. 이런 사람들은 다른 사람의 협력을 얻지 못한다. 다른 사람의 협력이 있다면 더 쉽고, 더 빠르고, 더 크게 이룰 수 있는 일들이 있다. 협력자를 찾는 일도 꿈을 위한 삶의 중요한 부분이다.

얼핏 보면 세상에 자신을 도와주고 협력해줄 사람이 별로 없어 보인다. 그러나 잘 살펴보면, 그리고 찾아보면 자신의 꿈을 위해 도와주고 협력해줄 사람을 많이 얻을 수 있다. 좋은 꿈은 좋은 협력자를 얻을 수 있게 해준다.

# 마더 테레사와 협력자들

아그네스 곤히아 브락스히야, 마더 테레사의 원래 이름이다. 그녀는 유고슬라비아 농가에서 태어났고, 어릴 때부터 믿음이 깊었다. 그녀가 다니는 성당에서는 인도에 파송된 수도회 선교사의 선교활동을 정기적으로 전해주었다. 그 선교사들이 보내 온 감동적인 편지를 보면서 아그네스는 인도로 가서 종교적인 교육사업을 하겠다는 꿈을 가지게 되었다. 이 꿈을 위해서 아그네스는 19세에 수도회에 입회하여 수녀가 되었다. 그곳에서 테레사라는 이름을 받았다.

테레사 수녀는 영어를 익혀 로레토 수도회에서 운영하던 인도 캘커타의 성 마리아여고에서 지리 교사로 학생들을 가르치게 되었다. 인도에 온 17년 동안 그녀는 교사를 거쳐 교장을 맡기도 했고, 수녀회의 수련장을 맡기도 했다. 36세의 그녀는 인도에서 헌신, 봉사의 삶을 살면서도 안정된 삶을 살 수가 있었다. 그런데 피정을 받으러 가던 기차간에서 '가난한 자들 속으로 가라' 는 새로운 소명을 받게 된다.

테레사 수녀는 그동안에 이룩한 모든 것을 버리고, 교황청의 재가까지 받아야 하는 까다로운 절차와 과정을 거쳐서 로레토 수도회에서 탈퇴한다. 그리고 혼자서 '사랑의 선교회' 라는 이름으로 새로운 꿈을 위한 삶을 시작했다.

그녀는 병자들을 대상으로 봉사하기 위해서 우선 간호학을 배웠다. 3개월간의 짧은 배움이었지만, 그 빈약한 배움을 밑천으로 단신으로 빈민촌을 찾아갔다. 그녀는 그곳 사람들에게 학교를 열고 싶다는 계획을 말했는데, 다음날 당장 5명의 학생들이 왔다. 가난 때문에 학교에 보내지 못해 안타까워하던 부모들이 자식들을 보낸 것이다. 교실도 칠판도 책상도 준비된 것이 없어 나뭇가지로 땅바닥에 글을 썼고, 어린이들은 그것을 보면서 공부를 했다. 얼마 안 되어 학생 수는 56명에 이르렀다.

혼자서 감당하기 어려운 때에 테레사 수녀를 도와 아이들을 가르치겠다고 3명의 교사가 찾아왔다. 교사들은 옛날 테레사 수녀가 가르쳤던 제자들이었다. 제자들은 선생님의 꿈을 위한 협력자가 되었다. 기아와 빈민, 환자들을 위한 테레사 수녀의 꿈은 점차 그 영역을 넓혀갔다. 꿈이 커지고 넓어지는 만큼 더 많은 협력자들이 필요했다. 그런데 필요할 때마다 몸과 시간 뿐 아니라 물질적으로 협력하는 사람들이 많이 타나났다.

니르말 흐리다이(죽어가는 사람들의 집), 시슈 브하반(때 묻지 않은 어린이들의 집), 산티 니가르(평화의 집), 프렘 단(사랑의 선물), 실다(무료 진료소), 샨티 단(교도소로부터 구출된 소녀들의 집) 등으로 마더 테레사의 사랑의 선교회의 활동이 넓어질 수 있었던 것은 많은 협력자들이 있었기에 가능했던 일이다.

영국의 한 사업가의 부인인 앤 블라이키 여사는 마더 테레사를 돕기 위한 일을 시작했는데, 이것이 기초가 되어 그

녀의 봉사활동을 돕는 '마더 테레사 협력자 국제협회'
(International Association of the Co-workers of
Mother Teresa)가 만들어졌다. 이런 협력자들 때문에 마더
테레사가 큰 일을 할 수 있었던 것이다.

꿈은 협력자를 만들어 준다. 하나님은 꿈을 위해 일하는
사람에게 협력자를 보내주신다. 당신도 세상과 하나님의 나
라에 유익한 꿈을 위해 살면, 하나님께서는 적당한 때에 적
당한 협력자를 보내주실 것이다.

##  세상에는 내 꿈을 위한 협력자가 많이 있다

조 지라드는 《역사상 가장 위대한 판매사원》이라는 책을
썼다. 이 책은 사람들은 각자 250명의 다른 사람들을 알고
있다고 말한다. 그 250명 모두에게 진실을 담아 당신의 꿈
을 이야기 해보라. 꿈을 위해 꼭 필요한 도움과 그들이 어떻
게 협력해 줄 수 있는지를 설명해보라. 그러면 그 중에서 다
만 한 명이라도 당신의 협력자를 얻을 수 있을 것이다. 그
250명 중에는 자기는 꼭 도와주고 싶은데 그럴 능력이 없는
사람이 있을 수도 있다. 그러면 그는, 당신의 꿈을 위해 꼭
협력해 주고 싶은 사람은, 자기가 알고 있는 다른 250명 중
에서 당신을 도와줄 수 있는 사람을 찾아 줄 것이다. 우리가
알고 있는 사람들은 우리의 꿈을 위한 가장 좋은 자산이다.
우리가 알고 있는 사람들 중에는 우리의 꿈과 열정을 알게

되었을 때 기꺼이 우리의 협력자가 되어줄 사람들이 분명히 있다.

통계에 의하면 한국 사람은 3.6명만 거치면 어떤 사람과도 연결될 수 있다고 한다. 우리나라보다 인구도 훨씬 많고 땅도 넓은 미국조차도 5.5명 만 거치면 전혀 모르던 사람까지도 다 연결될 수 있다고 한다. 이 사실은 우리가 도움을 받을 수 있는 사람들이 세상에 무척 많고, 실제로 연결될 가능성이 많다는 뜻이다.

"백지장(白紙張)도 맞들면 낫다."는 말이 있다. 성경도 같은 말씀을 하고 있다.

"한 사람이면 패하겠거니와 두 사람이면 능히 당하나니 삼겹줄은 쉽게 끊어지지 아니 하느니라."(전 4:12)

꿈이 크면 클수록 더 많은 협력자의 도움을 얻어야 이룰 수 있다. 세상에는 당신의 꿈을 위해 협력자가 되어 줄 있는 사람이 많다는 사실을 기억하라.

# 07 꿈은 시간을 먹고 자란다

 ## 꿈을 이루는 시간은 길고 성공의 영광은 짧다

혜성처럼 나타나는 인물들. 어느 날 갑자기 커다란 성공을 거두면서 세상에 드러나는 사람들이 있다. 그들이 정말로 운 좋게 어느 날 갑자기 큰 성공을 이루었다고 생각하면 큰 오산이다. 그들의 이름이 갑자기 유명해졌지만, 그들의 꿈을 위한 삶은 아주 오래 전부터 이어져 온 것이다. 그 꿈이 이루어지고 열매를 맺었을 때, 비로소 세상에 알려졌을 뿐이다. 세상 사람들은 그들의 숨은 노력은 보지 못하고 드러난 모습만 보기에 '어느 날' '갑자기' '운 좋게' 유명해졌다고 말하는 것이다. 그러나 꿈을 이루고 성공한 모습으로 세상에 알려지고 추앙을 받게 되는 사람들은 예외 없이, 성공하기 전 무명의 긴 세월을 보내고 세상에 보여 줄만 한 성과를 얻게 되었을 때에야 비로소 세상의 조명을 받게 되는 것임을 기억하자. 아래 인용한 한 과학자의 칼럼이 그것을 잘 설명해주고 있다. 아래의 글은 연세대 토목공학과 연구교수인 김주환 박사가 쓴 신문칼럼을 옮겨 쓴 것이다.

 ## 김주환 박사의 '멋있는 과학'에 대한 이야기

　　필자가 미국에 있었을 때 허블 우주망원경이 기다리고 기다리던 목성의 오로라 사진을 전송해 왔다. 이제 그 귀중한 자료로 '멋있는 과학'을 하면 그만이었다. 멋있는 과학이란, 거의 1년 동안 자리에 앉아 영상들에서 행성의 테두리 부분을 찾아내는 수작업의 반복이었다. 믿기 어렵겠지만, 우주과학을 한다는 사람들은 아직도 영상자료 중 행성의 테두리와 중심의 위치를 찾아내는 일에 일일이 손을 사용한다. 미 보스턴대 행성과학센터 존 T. 클라크 박사가 이 작업을 하며 투덜대고 있는 필자에게 해준 명언이 있다.

　　"과학은 때때로 예술에 가까운 작업을 요구한다."

　　"Science in work can be sometimes more of an art."

　　자료를 컴퓨터에 집어넣고, 컴퓨터에 "근사한 결과를 찾아줘!"라고 주문하기만 하면 답이 튀어나오는 영화 속의 '멋진 과학'은 그곳에 없었다.

　　그나마 사정은 나아진 것이라 했다. 1970년대 우주과학에서 로켓이 본격적으로 활용되기 시작한 무렵에는, 우주에서 전송된 관측자료를 일일이 손으로 쳐서 컴퓨터에 입력시키고, 각각의 영상마다 손으로 프로그램을 만들어야만 비로소 그림 구경이라도 할 수 있었다고 한다. 필자가 불평하는 불편함도 나이 든 노과학자들에게는 복에 겨운 호사였다.

　　대부분의 학문은 가설과 검증의 단계를 거친다. 놀라지

마시라. 아무리 유능한 학자라도 100번을 가정하면 99번은 검증에 실패한다. 초보 과학자인 박사 과정 학생들에게 수학과의 한 교수는 "100번 중 1번이라도 성공하면 운이 좋은 거지"라고 말하곤 했다. 결국 과학이나 공학이란 실험과 실패를 반복하는 부단하고 지루한 과정이라는 것이다.

혹자는 물을지도 모르겠다. 교수가 되면 여러 사람에게 일을 분담시키며 보다 효율적인 작업을 할 수 있지 않겠느냐고. 또는 부단하고 지루한 손놀림은 소위 아랫사람으로서 경험하는 학문이고, 윗사람으로서 경험하는 학문은 고매하고 우아하지 않겠느냐고. 천만의 말씀이다. 필자가 경험한 유능한 학자들은 나이의 많고 적음, 지위의 높고 낮음을 막론하고 직접 손을 놀리는 사람들이었다. 반짝이는 아이디어를 내는데 10분, 그 아이디어를 손을 움직여 구체화하는 데 10년이 걸렸다. 꿈속을 걷고 손을 놀리지 않는 사람에게는 자신의 이론을 다른 사람에게 알릴 기회조차 오지 않는다.

"그 정도는 나도 할 수 있어"라고 말하는 사람들이 많다. 나는 그런 사람들에게 "할 수 있다면 계속해서 하루에 10시간씩 10년을 해보라!"고 말해주고 싶다.

······하찮은 목적을 달성하기 위해 3일간 밤을 샌 후 스스로 비천한 신분이 되어가는 기분이 든다고 한숨 쉬는 연구실의 조용한 과학자들 덕분에 과학 그리고 사회가 발전하는 것 아닐까. (한국일보, 뉴스 속의 과학 칼럼)

# 뿌리가 없으면 잎도 꽃도 열매도 없다

중국에는 모소(또는 모죽)이라는 대나무가 있다. 이 대나무는 심고 5년이 지나도록 땅위에 싹을 내지 않는다. 그렇다고 죽어 있는 것은 아니다. 싹을 틔우기 전에 땅 속 사방 수십 미터에 걸쳐 깊고 넓게 뿌리를 내리고 있는 것이다. 그렇게 먼저 뿌리를 내린 후에 싹을 틔우는데, 일단 싹이 나오면 쑥쑥 자라는데 하루에 70~80cm씩 자라기도 한다. 그렇게 몇 달 사이에 30여 미터의 크기로 성장한다. 크고 튼튼한 뿌리가 줄기와 가지를 쑥쑥 자라게 하는 것이다.

꿈도 마찬가지이다. 꿈이 싹을 틔우고 줄기와 가지를 뻗고 잎사귀를 내고 꽃을 피우고 열매를 맺기 위해서는 넓고 깊게 내린 뿌리가 필요하다. 오랜 시간동안 인고의 세월을 보내면서 세상에 드러내 보일 것도 없는 것에 기울인 노력은 헛된 것이 아니다. 그것은 땅 속에 숨겨진, 꿈의 싹이 틔워지는 순간, 꿈으로 하여금 빠르게 자라게 하고 열매를 맺게 하는 저력이 되는 것이다.

노력 없이, 단기간에 쉽게 열매를 기대하는 사람은 꿈을 모르는 사람이다. 꿈이 어떻게 자라는지를 이해하지 못하는 사람이다. 꿈꾸는 사람은 꿈이 시간과 땀을 먹고 자란다는 비밀을 안다.

"우리가 간절히 원하는 것은 너희 각 사람이 동일한 부지런을 나타내어 끝까지 소망의 풍성함에 이르러 게으르지 아니하고, 믿음과 오래 참음으로 말미암아 약속들을 기업으로 받는 자들을 본받는 자 되게 하려는 것이니라."(히 6:11, 12)

성경의 히브리서 작가도 이 점을 잘 알고 있었던 사람이었다. 하나님도 너무 쉽게 약속을 이루어주시지는 않으셨다. 하나님의 약속을 받고 그것을 소망(꿈)으로 삼은 사람들도 고난과 시련을 믿음으로 이겨내는 세월을 보내고서야 꿈을 이룰 수 있었다. 아브라함도 아들에 대한 약속을 받았지만 25년의 세월이 지나고서야 이삭을 약속의 아들로 받을 수 있었음을 기억하자.

##  사소한 성공들이 비전 성취의 디딤돌이 된다

꿈은 뻥튀기처럼 한꺼번에 이루어지지 않는다. 꿈은 '티끌 모아 태산'이나 '천리 길도 한 걸음부터'와 같은 방식으로 이루어진다. 눈사람을 만들었던 경험을 되살려 보라. 눈이 쌓이지 않은 데서는 눈사람을 만들 수 없다. 작은 눈송이들 수백 수천 수억만 송이가 모이면 눈밭이 된다. 그렇게 눈이 충분히 쌓여 눈밭이 되어야만 비로소 눈사람을 만들 수 있게 된다.

꿈을 이루는 것도 마찬가지이다. 사소한 것 하나의 성공은 꿈을 이루는데 크게 의미 있어 보이지 않는다. 그러나 사소한 성공들이 쌓이다보면 꿈을 위한 의미 있는 터전이 마련된다. 그리고 어떤 순간에 꿈이 의미 있는 성장을 시작한다. 사소한 것이라고 의미를 두지 않는 사람들은 눈사람이 만들어질 만큼의 눈밭을 만들지 못한다. 인생역전을 위해서 '큰 것' 하나에 매달리는 사람은 결코 꿈을 가꾸는 인생을 살 수 없음을 기억하자. 눈송이들이 밭을 이룰 정도로 많이 모이고 쌓여야 눈을 뭉치고 굴려서 큰 눈사람을 만들 수 있는 것을 꼭 기억해 두자.

내 꿈을 위한 눈밭을 만들어야 눈사람을 만들 수 있다는 것을 기억하자. 하나의 눈송이 같이 작은 성공들을 쌓는 생활을 하자. 매일, 매시간, 매순간 그렇게 작은 성공들이 쌓이다보면 어느 순간부터 큰 성공의 터전이 마련되어 있다는 것을 느끼게 된다.

# 08 꿈은 진실을 먹고 자란다

 **꿈을 위한 삶은 거짓을 거부한다**

꿈을 이루는 과정은 결코 쉽지 않다. 많은 시간과 노력이 들어가야 한다. 좀 더 빨리, 좀 더 쉽게 꿈을 이루는 방법을 찾게 된다. 여기에서 유혹에 빠지는 사람들이 생긴다. 세상 사람들이 알아채지 못하는 방식으로 거짓을 넣어 성과를 얻으려고 한다. 그러나 성취의 과정에 거짓이 있었다는 사실이 드러나게 되면 그렇게 얻은 성취는 한순간에 무너진다.

꿈꾸는 삶은 욕심 없이, 흔들림 없이, 거짓 없는 길로 가야한다. 자신의 욕심이나 다른 사람의 평판에 의해 거짓된 성공을 만들어서는 안 된다. 꿈을 이루는 길을 가는 사람은 탐욕과 거짓을 버리고 진실하고 성실하게 황소걸음으로 우직하게 자기의 길을 가야 한다.

 **거짓은 꿈을 무너트리고 지연시킨다**

2005년 대한민국은 황우석으로 들끓었다. 황우석은 서울

대 수의대 교수로서 국가에서 전폭적으로 지원해주던 세계 줄기세포허브의 원장이기도 했다. 그는 세계 최초로 체세포 복제를 통한 배아줄기세포 11개를 배양했다는 논문을 발표했다. 세계적으로 권위를 인정받는 과학논문집 〈사이언스〉에 발표된 이 논문은 황우석을 세계적인 인물로 만들어주었다. 우리나라는 생명공학과 줄기세포 분야에서 가장 앞서가는 나라가 되었다고 세계가 인정했다.

그가 이룩한 연구성과가 사실이라면 이제 환자 맞춤형 줄기세포를 배양할 수 있게 된 것이다. 어떤 종류의 불치병 환자라도 면역 거부 반응 없이 치료받을 수 있는 시대가 찾아온 것이다. 노벨상 받기에 충분한 인류를 위한 획기적인 일이었다. 그의 연구가 더욱 대단했던 것은 185개의 난자를 활용해서 11개의 배아줄기세포를 만들었다는데 있었다. 그것은 실제 임상에 적용할 수 있는 수치라서 세계의 주목을 받았고, 불치병 환자들의 희망이 되었던 것이다. 우리나라의 불치병 환자들은 황우석 교수를 구세주처럼 떠받들게 되었다.

그의 성공(?)으로 우리나라는 생명공학 부문에서 세계 최고로 인정받았다. 다른 나라들도 자기 나라의 생명공학에 대하여 대대적인 지원을 하기 시작했다. 우리나라에서도 정부가 수백억 원을 지원하여 '세계줄기세포허브'를 만들어주었다. '황우석'은 국가 3부요인급의 경호를 받으며 국가적 영웅 대접을 받았다. 황우석은 대한민국의 꿈이었고 미래의 희망이었다.

그런 상황에서 생명공학과 줄기세포에 대한 황우석과 대한민국의 꿈을 산산조각 내는 핵폭탄이 떨어졌다. MBC TV의 〈PD수첩〉이 황우석 교수와 연구원들이 연구과정과 사진을 조작했다는 사실을 폭로한 것이다. 황우석 교수의 연구팀은 수천 개의 난자를 사용했으면서도 185개의 난자를 사용한 것으로 꾸몄다. 같은 시료를 나누어서 DNA 검사를 하는 방법으로 체세포를 복제한 것처럼 위장했다. 배아줄기세포를 하나도 만들어내지 못하고서 11개를 만들었다고 발표했다. 세상을 속였던 것이다.

황우석 교수는 환자맞춤형줄기세포를 통해서 불치병을 고치겠다는 꿈을 가지고 오랜 동안 연구해 왔다. 나름대로 성과도 있었다. 그가 이룬 것 만으로도 세계에서 가장 앞선 것이었다. 그런데 그와 연구팀은 조급했다. 온 나라가 황우석의 연구팀을 바라보고 있었고, 더 위대한 연구결과를 빨리 내놓기를 기대하고 있었다. 그래서 그의 팀은 거짓을 동원해서 연구과정과 결과를 조작했다. 진실이 드러났을 때 그의 논문만 취소되는데서 그치지 않았다. 황우석 교수가 이루어놓았던 모든 성공과 황우석이라는 인간 자체가 부정되어 모든 것을 잃게 되었다. 황우석 교수의 꿈도, 그의 인생도 회복할 수 없을 정도로 파괴되고 말았다.

<br>

# 커닝하는 수재들이 출세하기 때문에

　대한민국 최고 수재들이 다니는 서울대학교에 커닝(시험 볼 때의 부정행위)이 있을까, 없을까? 대답은 '있다' 이다. 서울대 당국이나 학생들이 항의를 한다고 해도 나는 자신 있게 말할 수 있다. 내가 내 눈으로 커닝의 흔적들을 분명히, 그것도 너무 많이 보았기 때문이다.

　나는 서울대 사범대에서 주관했던 종교교사자격연수를 받은 적이 있다. 1년 4학기 동안 서울대학교의 여러 강의실에서 많은 강의를 들었다. 그런데 강의실의 책상들 중에는 커닝을 위한 문구들이 적힌 것들이 너무 많았다. 자세히 읽어보니 별로 어려운 것들도 아닌데 커닝을 하기 위해 적어놓은 깨알글씨들이었다. 머리 좋은 학생들의 커닝이 처음에는 이해가 되지 않았다. 그런데 '서울대학교는 고시학원이나 마찬가지' 라는, '그래서 대부분의 학과 교수는 실질적인 제자가 없다' 는 한 교수님의 말을 듣고 사태가 이해되었다. 많은 서울대 학생들이 평소에는 교양과목이나 전공과목을 공부하지 않고 사법고시나 행정고시 등 고시공부에 매달리고 있다. 고시공부에 바빠서 시험공부를 할 시간이 없는 것이다. 고시공부가 더 중요해서 시험은 커닝을 하면서 대충 넘기는 것이다. 고시에 합격하면 5급, 3급 등 고급 관료가 되고, 과정에서의 모든 허물들은 문제가 되지 않는 것이다. 커닝으로 학점을 따는 정도의 도덕성을 가지고 관료가 된 사람에게 법, 도덕, 청렴 같은 것을 기대하기는 어렵다. 결과만 좋으면, 그것도 자기 자신을 위한 결과만 좋으면 과정은 상관없다고 생각하는 사람들이 판사도 되고, 검사도 되고, 외교관도 되고, 고위 관료가 되었으니 부정부패가 뒤따른 것은 자연스러운 일일 것이다.

꿈을 꾸는 사람은 거짓을 멀리한다. 고시에 합격해서 판검사가 되고, 고위 관료가 되려고 해도, 학과시험에서 커닝을 하는 방식으로 해서는 안 된다. 그것까지 진실하게 해야 한다. 그렇지 않다면 그는 꿈을 꾸는 사람이 아니라 욕망을 추구하는 사람일 뿐이다.

# 09 꿈꾸는 사람은 자기를 점검한다

꿈을 이루어가는 과정에서 자기 점검은 필수적이다. 비전의 사람은 하나님 앞에서 자신과 삶을 돌아보며 반성한다. 실패한 일, 실수한 일, 양심에 꺼려지는 일에 대해서는 깊이 반성하고 다시는 같은 실수를 반복하지 않도록 조심한다.

같은 실수를 반복해서 저지르는 사람은 꿈을 이룰 가능성이 별로 없다. 성경은 말씀하신다.

"참 속담에 이르기를 개가 그 토하였던 것에 돌아가고 돼지가 씻었다가 더러운 구덩이에 도로 누웠다 하는 말이 저희에게 응하였도다."(벧후 2:22)

같은 실수는 반복하는 사람들의 어리석음을 가리키는 말이다. 실수를 한번으로 끝내기 위해서는 철저한 자기반성과 회개를 통하여 새로운 자아로 거듭나야 한다. 수험생이 오답노트를 만들어 인식구조를 바꾸어놓듯이, 꿈을 이루고자 하는 사람은 자신의 성품과 습관의 오답노트를 만들어 같은 실수를 반복하지 않도록 철저하게 자기를 고쳐놓아야 한다.

 프로 기사들의 복기에서 배우기

바둑 한 판을 두는 데는 흑돌과 백돌이 번갈아 가며 200~300개 정도 놓여진다. 가로 세로 각 19줄의 바둑판, 세상에서 수많은 사람들이 수없이 많은 바둑을 두었지만 똑같이 두어진 바둑은 하나도 없다고 한다. 그런데도 프로 기사들은 자신이 두었던 수많은 대국들을 순서대로 고스란히 기억하고 있으며, 세계적인 명국들도 수없이 복기할 수 있다. 이들은 대체 어떻게 그 많은 돌들이 놓인 자리와 순서를 정확하게 기억할 수 있는 것일까? 바둑 기사들은 모두 천재적인 기억력을 가지고 있는 사람들이기 때문일까?

바둑 복기의 비결은 '의미'와 연관되어 있다. 바둑의 고수들은 돌 하나라도 무의미하게 놓지 않는다. 한 수 한 수 중요한 의미를 담아서 놓는다. 바둑판 위의 돌들이 어느 하나 예외 없이 중요한 의미를 담고 있기 때문에, 그 수가 아무리 많아도 처음 둘 때처럼 생생하게 기억에 각인 되는 것이다. 즉 바둑의 복기는 '돌의 순서'에 대한 기억으로 이루어지는 것이 아니라, 각각의 '돌들이 갖는 의미의 연결'로 구성된다. 프로 기사들의 대국에서 바둑 판 위에 놓였던 돌들은 각기 독특하고 중요한 의미를 가지고 두어졌다. 그렇기 때문에 바둑을 둔 사람의 기억에 자연스럽게 깊이 새겨지는 것이다. 중요한 의미를 가진 사건들은 굳이 기억하려고 애쓰지 않아도 아주 오랫동안 생생하게 우리들의 기억에 새겨져 기억되는 것과 마찬가지이다. 바둑의 하수들이 바둑을 두어도 기억하지 못하는 것은 큰 의미 없이 돌들을 놓았기 때문이다. 의미가 아닌 기억력에 의한 복기는 불가능하다.

프로 기사들은 대국을 한 후에는 반드시 복기(復碁)를 한다. 자기가 둔 바둑을 재연하는 것이다. 물론 대국을 관전했던 전문 기사들도 복기에 참여한다. 그리고 돌들의 의미에 대해서 철저하게 분석한다. 자기가 두었던 바둑을 그대로 재연해 내면서, 그 의미의 옳고 그름을 검증한다. 기사들은 복기를 하면서 어떤 수를 둘 때에 어떤 생각에서 두었는지, 그것이 착각에서 나온 실수였는지, 묘수를 보았기 때문인지 솔직하게 털어놓는다. 복기를 하면 어떤 돌이 패착이고 어떤 돌이 승착이었는 지가 분명해진다. 자신들이 두었던 바둑을 완전히 해부하면서 잘 둔 수를 격려하고, 잘못 둔 수에 대하여 깊이 반성을 한다. 아직 누구도 두어보지 않은 수를 두었는데 그것이 참 좋은 수였으면 신수로 공인받는다.

세계 최정상의 기사들은 더 이상 누구에게 바둑을 배우지 않는다. 세계 최고의 골퍼도 골프 선생을 두고 골프를 계속 배운다. 세계 최고의 테니스 선수들도 가르치는 코치를 둔다. 세계 정상의 수영선수도, 피겨선수도 모두 코치를 두고 배운다. 오직 정상에 선 바둑의 프로기사들만이 선생을 두고 배우는 일을 하지 않는다. 그것은 선생님보다 더 좋은 바둑만의 특별한 배움의 길이 있기 때문이다.

프로기사들은 바둑의 복기를 통해서 바둑을 배우고, 더

좋은 바둑을 둘 수 있게 된다. 복기를 통한 반성과 검증은 가장 좋은 스승인 셈이다.

프로기사들이 자신의 바둑을 복기하면서 돌의 의미와 효과를 검증하면서 잘 둔 수로 격려를 받고, 잘못 둔 수에 대해서는 철저하게 반성하게 된다. 마찬가지로 꿈을 꾸는 사람들도 자기반성이 필요하다. 자신의 삶과 행동을 돌아보면서 철저하게 분석할 수 있어야 한다. 꿈을 위해 유익했던 것들을 통해서 용기를 얻을 수 있다. 꿈에 해가 되었던 행위에 대해서는 이렇게 자신을 철저하게 검증하는 것은 잘못된 삶의 방향을 바로잡아주고 꿈을 이루는 시간을 단축해준다.

 ## 반성하고 고치는 사람이 꿈을 이룬다

자신이 잘못한 일에 대해서 반성하고 고치는 사람이 있다. 이런 사람은 다른 사람에게 자신의 잘못을 인정할 줄도 안다. 이런 사람은 더 나은 사람, 더 나은 삶으로 발전할 가능성이 많다. 반대로 자신이 잘못을 하고도 잘못을 깨닫지 못하는 사람이 있다. 잘못을 알고도 잘못을 인정하지 않는 사람도 있다. 잘못은 인정하되 자기 책임이 아니라 다른 사람 때문이라고 책임을 떠넘기는 사람도 있다. 이런 사람은 더 발전할 가능성이 별로 없다. 사람들도 좋아하지 않는다. 인정해주지 않는다.

하나님도 마찬가지이다. 잘못을 하고 인정하고 회개하는

사람에게는 얼마든지 용서해주신다. 혹 잘못에 대한 벌은 내리시더라도 사람 자체를 버리지는 않으신다. 그에 대한 사랑이 변하거나 줄지도 않으신다. 반면에 잘못을 인정하지 않거나 다른 사람에게 책임을 떠넘기는 사람은 하나님께서도 좋아하지 않으신다. 그가 변명한다고 변명을 받아들이지도 않는다. 그가 책임을 떠넘긴다고 책임을 면해주지도 않고 벌을 면제해주지도 않으신다.

아담과 하와는 선악과를 따먹었다. 하나님께서 절대로 따먹지 말라는 과일이었다. 하나님께서 에덴동산으로 아담과 하와에게 찾아왔을 때 아담과 하와는 자신들의 잘못을 인정하지 않았다. 아담은 하나님이 만들어주신 여자가 주어서 먹었다고 했다. 자기 책임이 아니라 여자 책임이라는 것이다. 동시에 하나님이 만들어주었기 때문에 하나님의 책임이기도 하다는 것이다. 하와는 뱀이 주어서 먹었을 뿐이라고 했다. 자기가 하나님처럼 되고 싶었던 마음을 숨기고 뱀에게 책임을 떠넘긴 것이다. 결국 뱀을 만드신 하나님도 책임이 있다는 뜻이다. 그렇다고 하나님께서 아담과 하와의 변명을 인정해주시지는 않았다. 그들에게 벌을 면제해주지도 않으셨다. 변명도 안 되고 벌은 벌대로 받았던 것이다.

다윗은 밧세바의 일로 잘못을 저질렀다. 자기의 충성스러운 부하 우리아의 아내인 밧세바와 부정한 일을 하여 임신을 시켰다. 게다가 그의 남편을 죽였다. 이 일로 하나님께서 나단 선지자를 다윗에게 보내어 질책했다. 그때 다윗은 자신의 잘못을 인정하고 회개했다. 하나님께서는 다윗에게 벌은 주셨지만 다윗을 버리지는 않으셨다. 벌을 주신 후에도 변함없이 다윗을 사랑하고 인정해주셨다.

자신의 실수와 잘못에 대하여 부인하고 변명하고 책임을 떠넘기는 것은 손해나는 일이다. 자신에게 손해고, 사람들과의 관계에서 손해고, 하나님께도 손해를 끼친다. 꿈꾸는 삶을 살다가도 때로는 잘못할 수도 있다. 실수를 하기도 한다. 그때 무엇이 어떻게 잘못 되었는지를 살피는 것이 중요하다. 자신이 책임질 일에 대하여 책임지는 자세를 취할 때 더 나은 사람이 된다. 실수를 했지만 꿈 자체가 무너지지는 않는다.

# 10 꿈꾸는 사람은 슬럼프를 극복한다

 꿈꾸는 삶을 시작하는 사람은 새로운 생활 습관을 익히며 꿈을 위해 의미 있는 일을 하기 위해서 노력한다. 처음에는 작은 노력에도 큰 열매가 맺히는 것 같다. 꿈을 위한 성과가 몹시 빠르게 나타나는 것처럼 느껴진다. 그런데 꿈꾸는 삶이 어느 정도 궤도에 오르게 되면 상황이 달라진다. 꿈이 자라는 속도가 느려지고, 성장이 정체되는 것 같은 순간을 만나게 되는 것이다. 이런 것을 플래토우 현상이라고 한다. 이 플래토우 현상을 극복하지 못하면 꿈을 꾸던 사람도 깊은 수렁에 빠져 방황하게 된다. 플래토우 현상을 지나 슬럼프에 빠진 것이다.

이 때 새로운 동력을 공급받아서 위기를 돌파해야 한다. 그 동력을 자신의 내부에서 찾기는 쉽지 않다. 외부의 도움을 필요한데, 이럴 때 멘토가 크게 도움이 된다.

## 꿈꾸는 사람이 만나는 플래토우 현상

비전의 삶에서 유념해야 할 두 가지 상태가 있다. 그 하나가 플래토우(plateau) 현상이다. '플래토우'란 평평한 고원 같은 것을 가리키는 말로 '안정기'라는 뜻을 가지고 있다. 비전의 삶에서 플래토우 현상을 겪게 된다는 것은 두 가지 뜻을 가지고 있다.

먼저 긍정적인 측면으로는, 꿈을 위한 삶이 일정 수준에 도달했음을 뜻한다. 상승곡선과 하강곡선을 반복하면서 이루어지던 꿈이 이제 어느 정도 안정 궤도에 올라갔다는 뜻이다. 그런데 이 단계에서 많은 사람들이 안주하려는 유혹에 빠진다. "이만큼 이루었으니 됐다"는 생각을 갖게 되는 것이다. 이런 생각은 꿈을 더 크게 이루려고 노력하게 하기보다는 이미 이룬 꿈에 만족하면서 나태해지게 만든다. 그렇게 되면 꿈도 멈추고, 꿈꾸는 삶도 멈추게 된다.

부정적인 측면으로는, 플래토우 현상에 도달했다는 것은 지금까지 그려지던 꿈의 성취를 위한 상승곡선이 잘 그려지지 않고 답보상태가 되었음을 뜻한다. 꿈을 위한 삶이 한계에 이르러 더 이상 앞으로 나아가기가 힘든 상태에 도달했다는 것이다. 여기서 꿈꾸는 삶이 고비를 맞게 된다. "여기까지가 나의 한계인가?"라고 자문하게 된다. 그렇게 스스로의 한계를 정해버리면 꿈을 위한 노력을 포기하게 된다. 그리고 꿈을 위한 생활이 따분하고 지루한 느낌이 들게 된다. 꿈을 위한 삶이 피곤해 지기도 하며, 흥미도 없어져 꿈을 위한 삶을 포기할 수도 있다. 그러나 그것이 플래토우현상이라는 것을 알게 되면 극복하게 된다. 그 고비에서 꾸준히 꿈을 위한 삶을 살아가다 보면, 어느 순간 자기도 모르는 사이에 한 단계 더 높아진 자신과 더 크게 이루어진 꿈의 성취를 발견하게 된다.

 ## 꿈꾸는 사람도 만나게 되는 슬럼프

꿈꾸는 삶에서 유념해야할 또 한 가지는 슬럼프(slump) 상태다. 슬럼프는 구덩이에 빠지는 것처럼 의기소침해져서 자신감과 의욕을 잃어버리는 것을 말한다. 슬럼프는 초보나 베테랑, 아마추어나 프로를 가리지 않는다. 경험자는 '미칠 지경' 이라고 호소한다. '다 때려치우고 싶은 심정' 이라고 말한다. 하지만 벗어나려고 발버둥을 치면 칠수록 일은 더 꼬이기만 하고, 슬럼프가 더 깊어진다는데 더 큰 문제가 있다. 스포츠를 직업으로 갖고 있는 선수들은 이런 슬럼프를 고통 중의 고통이라고 말한다. 슬럼프의 극복, 슬럼프 탈출 시도는 눈물겨운 노력을 요구한다. 그러나 슬럼프의 악순환은 벗어나려고 애를 쓰면 쓸수록 오히려 상황은 더 악화되는 것이 슬럼프의 생리이다.

슬럼프의 원인은 개인의 성향과 종목에 따라 너무나 다양하기 때문에 일반화시키기가 어렵다고 한다. 하지만 슬럼프에 잘 빠지지 않는 선수들에게는 공통점이 있다고 한다. 하나는 그들에게는 경기에서 맞닥뜨릴 수 있는 모든 상황에 대비한 행동 시나리오가 준비되어 있다는 것이다. 또 하나는 실제 생길 수 있는 상황을 머릿속에서 재현해 보는 이미지 트레이닝을 하는 것이라고 한다. 즉 행동 시나리오를 강화하는 것이 최상의 슬럼프 탈출방법이라는 뜻이다.

비온 후에 땅이 굳어지듯 슬럼프와 플래토우 현상을 극복한 후에는 꿈을 위한 삶이 더욱 견고해 진다. 이 위기를 극복하지 못한 사람은 실패하고, 극복한 사람은 더욱 단단한 기반을 갖게 된다. 그 단단한 기반 위에 꿈이 자기 집을 세우기 시작한다.

 ## 플래토우 현상을 정상으로 착각한 다윗

다윗은 소년 시절에 선지자로부터 왕이 될 사람으로 기름 부어졌다. 자신의 의지와는 상관없이 다윗은 왕이 되는 꿈을 갖게 되었다. 그러나 왕이 될 때까지는 많은 어려움을 겪어야 했다. 그는 골리앗을 쓰러트리면서 이스라엘 역사에 혜성같이 등장했다. 사울왕이 장군으로 세워주었을 때는 전쟁터를 누비며, 출전하는 전쟁마다 승리를 거두었다. 그러나 사울왕은 능력 많고 인기 높은 다윗을 왕좌에 대한 위협으로 느꼈다. 사울왕은 다윗을 없애려고 했다. 다윗은 사울왕의 추격을 피해서 다른 나라로 망명생활을 하기도 했고, 광야를 떠돌아 다녔다. 한편으로는 왕의 추격을 피해야 했고, 한편으로는 자신의 세력을 키워야 했다. 그렇게 다윗의 영향력은 날로 커갔다.

사울왕이 블레셋과의 전쟁에서 죽은 후에 유다지파 사람들이 다윗을 왕으로 세웠다. 드디어 다윗이 왕의 꿈을 이룬 것이다. 그러나 아직은 12지파 중에 한 지파의 왕에 불과했다. 나머지 11지파는 사울왕의 아들인 이스보셋을 왕으로 삼았다. 사울왕의 주력군대도 남아 있었다. 다윗왕은 이스보셋의 군대와 7년 반의 세월동안 전쟁을 했다. 그리고 드디어 12지파 전체의 왕이 되었다. 이스라엘의 왕이 되는 꿈을 이룬 것이다.

다윗은 왕이 된 후에도 주변의 여러 나라들과 전쟁을 계속했고, 승리를 거두었다. 그래서 많은 성읍을 정복하여 영토를 넓혔고, 다윗왕의 이스라엘은 강한 나라가 되어갔다.

이제 다윗왕은 전쟁터에 나가지 않았다. 전쟁을 할 때에도 왕궁에 머물러서 일상생활을 해나갔다. 그렇게 나태해졌을 때 밧세바라는 여인이 목욕하는 장면을 보게 되었다. 다윗은 그 여인이 자신을 위해 전쟁터에 나가있는 충성스런 장수의 아내인 것을 알면서도 여인의 몸을 가졌다. 그 여인이 임신을 하자 완전범죄를 위해서 그녀의 남편을 전투 중에 죽도록 했다.

이 장면에서의 다윗은 뭔가 착각에 빠져 있었다. 자신의 왕이 되는 꿈과 왕국에 대한 꿈이 일정궤도에 올라섰다고 생각하고 있었던 것이다. 아직도 전쟁이 계속되고 있고, 왕국을 더 강화해야 함에도 그는 그 정도면 되었다고 생각했던 것이다. 플래토우 현상을 이루어야 할 꿈의 정점으로 판단했던 것이다. 그래서 어느 정도 만족하고, 어느 정도 나태하고, 어느 정도 '다른 것'들을 생각하다가 큰 실수를 범하게 된 것이다. 자칫하면 하나님께 버림을 받을 수도 있고, 왕국이 무너질 수도 있는 위기를 맞게 된 것이다.

꿈꾸는 사람은 꿈을 이루어가면서 성취가 정체되는 플래토우 현상을 만나게 된다. 그것을 정상에 도달했다고 착각하지도 말고, 그것이 자신의 한계라고 단정 짓지도 말라. 그리고 꿈꾸는 삶을 살다가 어느 순간에 슬럼프에 빠질 수도 있다. 슬럼프에서 벗어나지 못하면 꿈도 주저앉는다. 최선을 다해서 슬럼프에서 벗어나라. 자신의 능력과 지혜가 부족하면 멘토를 찾아 도움을 받으라. 그리고 우리에게 최고의 멘토가 되어주시고 결국 슬럼프를 극복하게 해주실 하나님이 계심을 잊지 말라.

맺는 글 / 네 꿈을 세상에 펼쳐라

樂,
꿈을 즐겨라!

 꿈꾸는 삶이 행복하다

　　꿈을 이룬 사람은 꿈을 즐기는 삶을 살 수 있다. 꿈을 이룬 사람은 이루어진 꿈을 누릴 자격이 있다. 꿈을 이룬 사람으로 누리게 하는 것은 하나님의 뜻이기도 하다. 오랜 시간을 들이고 많은 수고를 통해서 꿈을 이룬 것이다. 그것을 네가 누려서는 안 된다고 어떤 사람도 말할 수 없다. 하나님도 그렇게까지는 말씀하지 않으신다. 5달란트에 5달란트를 더 남겨 10달란트를 만든 사람에게 남긴 5달란트 뿐 만 아니라 10달란트 전부를 주시는 분이 하나님이시다. 꿈을 이룬 사람은 꿈의 성취를 즐기고 누릴 권리가 생기는 것이다. 만일 당신이 꿈꾸던 것을 이루었다면 그 성취의 결과를 누리라. 사람들은 꿈을 이룬 만큼 즐길 수 있다. 이룬 꿈의 크기만큼 즐거움의 크기가 커지는 것이다.

　　꿈을 이루고 즐기는 것은 당연한 것이다. 문제는 꿈의 성취를 어떻게 즐기고 누리는가 하는 것이다. 꿈을 이룬 사람의 누림과 즐거움은 '어리석은 부자' 의 그것과는 달라야 한다는 것이 예수님의 가르침이다. 예수님은 비유를 통해서 꿈을 이룬 자가 누리고 즐기는 방법을 가르쳐주셨다.

　　한 부자가 있었다. 그는 농사를 지었는데 풍성한 소출을 얻었다. 부자는 이 곡식들을 어떻게 처리를 할까 고민했다. 부자는 작은 창고를 헐고 큰 창고를 지어 그곳에 모든 곡식과 물건들을 쌓아 두리라고 생각했다. 그리고 '여러 해 쓸 물건을 많이 쌓아 두었으니 평안히 쉬고 먹고 마시고 즐거워하자' 라고 생각하며 스스로 만족해했다. 그러나 주님께서는 이 부자를 어리석은 부자라고 했다. '오늘 밤' 에 하나님께서 그 영혼을 데리고 가면 부자는 자신이 쌓아놓은 것을 전혀 누리지 못하게 될 것이기 때문이다.

하나님께서 부자에게 풍성한 소출을 주신 것은 창고에 쌓아놓고 혼자만 먹고 마시고 즐기라고 주신 것이 아니라는 것이다. 많은 사람들에게 즐거움을 주는 방향으로 사용되기를 바라는 것이다. 어렵고 힘든 이웃에게 나누고 베푸는 것을 통해서 자신과 이웃과 하나님이 함께 즐거울 수 있게 사용되어야 한다는 것이다.

##  꿈꾸는 사람은 꿈을 나눠주며 산다

꿈을 이룬 사람이 꿈을 즐기는 것은 자신을 향해서는 보람을 얻는 것이다. 보람을 얻기 위해서는 꿈의 성취를 보람 있게 나누어주어야 한다. 꿈을 즐기는 것은 이웃과 세상을 향해서는 도움을 주는 것이다. 어렵고 힘든 사람들 위해서 베푸는 것이다. 또 하나의 방향은 꿈을 꾸지 못하는 사람을 꿈꿀 수 있도록 일으켜 세워주는 것이다. 조금만 도와주면 꿈을 이룰 수 있는 사람의 등을 살짝 밀어주는 것이다. 이런 삶은 꿈을 이루고도 계속해서 꿈꾸는 사람으로 살게 해준다. 자신의 꿈이 한 번의 성취로 고정되지 않고, 더 확장되어 나갈 수 있게 한다.

어떤 사람은 꿈을 이루고 난 후에 허탈해진다. 꿈을 이루었는데 허무해지는 것은 참된 꿈이 아니었기 때문이다. 어떤 사람은 자신이 이룬 꿈이기에 그 성과를 자신만이 독점하려고 한다. 이런 사람은 '어리석은 부자'와 같은 사람이다. 꿈을 이루고도 즐기지 못하는 것은 꿈을 잘못 꾼 때문이다. 꿈꾸는 삶을 살지 못했기 때문이다. 꿈을 이룬 것으로 나, 이웃, 세상, 하나님 모두를 위해서 보람 있게 사용해야 한다. 내가 이룬 것으로 세상을 꿈꾸게 만들어야 한다. 내 꿈을 나눠주면서 살아야 한다. 그것이 꿈을 이루어주신 하나님의 뜻이다.

 ## 꿈꾸는 사람은 꿈의 선순환 구조를 만든다

꿈꾸는 사람은 영혼이 병들지 않는다. 고인물이 썩듯이 꿈꾸기를 멈추면 사람도 인생도 병이 든다. 자신의 꿈을 죽이는 것은 죄가 된다. 다른 사람의 꿈을 짓밟는 행위는 더 큰 죄가 된다.

꿈을 꾸는 사람은 자신의 꿈만 위해서 살지 않는다. 다른 사람도 꿈을 꿀 수 있도록 도와준다. 한 사람이 또 다른 사람에게, 서로가 서로에게 꿈을 꾸게 하는 꿈의 선순환 구조가 되는 것이 아름다운 세상을 만든다.

## '아름다운 남자 아름다운 성공' 의 차인홍의 순환하는 꿈

차인홍 교수는 미국 오하이오주 라이트 주립대학의 바이올린 교수 겸 오케스트라 지휘자다. 그는 두 살 때부터 휠체어를 타고 살아온 장애인이다. 하지만 실력으로 당당하게 쟁쟁한 실력자들과 경쟁하여 83대 1의 경쟁을 뚫고 주립대학의 교수겸 지휘자가 되었다.

차인홍은 대전의 구멍가게 집 3남3녀의 막내로 태어났다. 두 살 때 소아마비를 앓고 걸을 수 없는 사람이 되었다. 집안도 어려워져서 초등학교조차 보낼 수 없게 되자 어머니는 여덟 살의 어린 아들을 재활원에 맡겼다. 재활원 생활은 외롭고 배고픈 인생의 어두운 시기였다. 그러나 그곳에서 가장 소중한 두 개를 얻었다. 하나는 하나님이고 다른 하나는 바이올린이었다.

어느 날 재활원 주변을 지나가던 바이올리니스트인 강민자 선생이 목발을 짚은 아이들을 보게 되었다. 강민자 선생은 문득 "저 아이들에게 바이올린을 가르쳐 보겠다."는 생각을 하게 된다. 그리고 스스로 재활원을 찾아와서 아이들에게 바이올린을 가르쳐 보겠다고 제안을 했다.

차인홍도 그렇게 해서 바이올린을 처음 대할 수 있었다. 바이올린 소리를 처음 들은 차인홍은 그 소리가 너무 좋았다. 그래서 틈만 나면 혼자 연습을 했다. 그는 어머니가 어렵게 사준 5,000원짜리 바이올린으로 열심히 연습했다. 그리고 바이올린을 잡은 지 1년 만에 충청남도 콩쿠르에서 1위에 입상했다. 그는 처음으로 자기도 뭔가 할 수 있다는 사실을 깨달았다. 그리고 음악에 대한 꿈을 가졌다.

차인홍은 재활원에서 초등과정을 마쳤지만, 휠체어를 탄 그를 받아주는 중학교는 없었다. 그가 꿈을 잃고 비참한 심정으로 방황하고 있을 때, 강민자 선생의 제자인 고영일 선생이 찾아왔다. 그리고 "너는 음악을 해야 한다. 바이올린을 다시 하라"고 강요했다. 그리고 성세재활원에서 함께 음악을 배웠던 4명을 위해 방을 얻어주고 음악을 가르쳐주면서 합숙훈련을 하게 해주었다. 그렇게 해서 1976년 열여덟 살에 재활원의 신체장애인 동료 넷으로 '베데스다 현악 4중주단"이 결성되었다. 네 사람이 음악을 꿈꾸며 살게 된 것이다. 그들은 하루 10시간씩 연습을 하면서 꿈을 키워갔다.

베데스다 현악 4중주단은 정기연주회를 열었다. 그리고 교회와 교도소 등을 다니면서 공연을 하기 시작했다. 이때부터 '화음(和音)으로 이겨낸 신체장애의 역경(逆境)' '휠체어에 앉은 천사들' 등 제목의 기사로 이들이 세상에 알려지기 시작했다.

이들을 알게 된 황대연 씨는 서울 정립(正立)회관에 숙소와 연습실을 마련해 주었다. 그리고 바이올린의 김민 서순정 김남윤 교수, 비올라의 이재옥 최승룡 교수, 첼로의 이종영 교수 등 쟁쟁한 연주가들이 연습실을 찾아가 무료로 그들을 가르쳐주면서 그들의 꿈에 날개를 달아주었다.

정립회관에서 봉사활동으로 검정고시 공부를 가르쳐 주던 경희대 음대생 조성은 씨의 도움으로 이들 네 사람 모두 중학교 고등학교 과정을 검정고시로 마칠 수 있었다. 음악 실력이 뛰어난 이들을 위해서 신동욱 교수는 미국 신시내티 대학에 이들을 추천하여 장학생으로 입학할 수 있게 해주었다. 아산재단의 장정자 이사는 이들의 미국에서의 생활비 일체를 지원해주었다. 유학생활을 하는 동안에는 김태경 목사님이 돌봐주었다. 게다가 조성은 씨는 집안의 반대를 무릅쓰고 미국으로 차인홍 씨를 찾아가 결혼식을 올리고 그의 뒷바라지를 해주었다. 차인홍과 베데스다를 도와준 사람들 모두 꿈꾸는 사람들이었고, 꿈을 나누어주는 사람들이었고, 꿈꾸는 사람들을 도와주는 사람들이었다.

꿈을 나누어주고 격려해준 사람들 덕분에 베데스다의 네 사람은 모두 꿈꾸는 사람으로 살았고, 꿈을 이루었고, 꿈을 나누어주는 사람이 되었다. 차인홍(바이올린)은 미국 라이트 주립대 바이올린 교수 및 오케스트라 지휘자가 되었다. 이강일(바이올린)은 수원시립 교향악단 단원을 거쳐 상임위원이 되었다. 신종호(비올라)는 구리시 교향악단 음악감독으로 일하고 있다. 이종현(첼로)은 대전시립 교향악단 첼로수석으로 연주자의 꿈을 이루며 살고 있다.

독실한 기독교인인 차인홍 교수는 이 모든 도움은 하나님의 은혜라고 말한다. 그리고 이제 자기가 할 일은 자신이 받아온 그 많은 사랑을 돌려주는 일이라고 했다. 전 세계에 걸친 연주일정과 강의를 병행하는 빡빡한 생활 속에서도, 그는 장애와 불행에 빠진 이들이 필요로 하는 곳이라면, 아무리 작고 초라해도 거절하지 않고 찾아다닌다.

"그 분들이 저의 연주에 행복해 하고 용기를 얻는 것 이상의 기쁨과 보람이 없지요. 언젠가는 한국의 장애 학생들을 위한 기금도 만들고, 그들이 좋은 환경에서 원하는 공부를 할 수 있도록 돕는 게 꿈입니다."

 ## 부자 천사 워렌 버핏의 기부운동

워렌 버핏은 '오마하의 현인'으로 불린다. 그가 현명한 투자로 많은 돈을 벌었기 때문에 붙여진 별명이 아니다. 2008년 세계 부자 1위에 선정 되었을 만큼 부자인 버핏이 자신은 검소하게 살면서 자선사업에 많은 기부를 하기 때문이다. 버핏은 지금까지 세상에서 가장 많은 돈을 기부한 사람이다.

버핏은 11살 때부터 주식투자를 시작했다. 11살 전에 이미 껌과 콜라를 팔아서 돈을 벌었다. 그리고 자기가 번 돈으로 주식에 투자를 했다. 처음에 산 주식이 한 주당 3달러씩 오르자 그는 샀던 주식을 팔아서 돈을 벌었다. 그리고 스스로 번 돈에 대해서 납세 신고서를 작성해서 세금을 냈다. 그러나 나중에 그가 팔았던 그 주식이 165달러나 더 오르게 된다. 그는 너무 일찍 판 것을 후회했다. 그러나 이 경험으로 평생의 투자철학을 얻을 수 있었다. 주식 투자에 인내가 필요하다는 것을 배우게 된 것이다. 그 후 버핏은 평생 흔들림 없이 자신의 투자철학을 실천하고 있다. 현명하게 좋은 회사를 발굴하여 주식이 쌀 때 사놓고 많이 오를 때까지 인내하고 긴 안목으로 기다리는 투자였다. 그렇게 그는 주식투자로 세상에서 가장 많은 돈을 번 사람이 되었다. 자신뿐만 아니라 자신의 회사를 믿고 투자한 수많은 사람들에게 많은 돈을 벌게 해주었다.

버핏은 빌&멜린다 게이츠 재단을 만들어 빈곤, 기아, 질병 퇴치와 장학, 자선, 기부 활동하는 빌 게이츠의 활동에 많은 감명을 받았다. 버핏은 빌 게이츠의 활동을 통해서 진정한 부자란 얼마를 소유했느냐가 아닌, 그 돈을 조건 없이 세상에 나눌 수 있는 사람이란 것을 깨달았다. 그리고 그 깨달음을 곧바로 실천에 옮겼다. 빌 게이츠는 290억 달러를 자신의 재단에 기부했지만, 버핏은 빌&멜린다 재단에 370억 달러를 기부했다. 그것은 자신의 전 재산의 80%에 가까운 재산이다. 버핏은 자신의 이름으로 되어 있는 자선재단이 있음에도 빌&멜린다 재단에 기부했다. 그 이유는 자신보다 빌 게이츠가 더 효과적으로 자선사업을 할 것이 분명하기 때문이라고 했다. 버핏은 최근 5년간 400억 달러가 넘는 금액을 기부하여, 세상에서 가장 많이 기부한 사람이 되었다.

소도시 오마하에서 이웃들과 소박하게 살아가는 버핏에 대해서, 사람들은 단순히 돈을 벌기 위한 투자가 아닌, 사회에 공헌할 수 있는 투자라는 올바른 길을 제시한 워렌 버핏을 존경한다. 사람들은 버핏을 부를 나눌 줄 아는 부자, 부자들에게 사회적 세기적 책임과 의무를 가르쳐 부를 나누는 일에 동참시키는 그를 가리켜 '오마하의 현인' 이라고 부르고 있는 것이다. 그는 꿈의 성취를 독점하려고 하지 않고, 세상 사람들과 나누어가지는 삶을 살고 있다.

##  당신의 꿈으로 세상을 꿈꾸게 하라

도움을 받는 것을 부끄럽게 생각하는 사람이 있다. 물론 거리에서 돈을 구걸하는 거지는 부끄러운 모습이다. 그러나 꿈을 위해서 도움을 청하는 것은 결코 부끄러운 일이 아니다. 꿈을 이루기 위해서라면, 꿈을 이루는데 꼭 필요한 것이라면 당당하게 도움을 청하라. 누군가 나의 꿈을 위해서 도움을 주면 자존심 때문에 거절하지 말고 감사하게 받으라. 그리고 꿈을 이루었을 때, 다른 사람이 꿈을 꿀 수 있도록 도와주라. 내가 받은 것에 이자까지 보태는 심정으로 기쁜 마음으로 꿈을 이루려는 사람에게 도움을 주라. 내게 꼭 필요한 것만 남기고 꿈꾸는 삶을 통해서 갖게 된 소유를 아낌없이 필요한 사람들에게 나누어주어 많은 사람들을 꿈꿀 수 있게 하라. 이렇게 선순환 되는 꿈이 세상을 꿈꾸는 세상으로 만들어준다. 꿈꾸는 사람이 많을수록, 꿈을 이루는 사람이 많을수록 세상은 더 아름답고 풍성하게 될 것이다. 당신

의 꿈꾸는 삶으로, 당신의 꿈이 성취됨으로써 더 많은 사람
이 꿈꾸게 되기를 소망한다.